JN060768

すがたなみの "でまぬき" レシピ

すがたなみ

ONE PUBLISHING

Introduction

はじめまして、すがたなみです。

みなさん、「ごはんを作ること」は好きですか？

定期的に開催している料理教室で、生徒さんたちに
「ありがとうございます。お料理が苦痛じゃなくなりそうです」
と言ってもらえたことがありました（けっこう何度も！）。
そのたびに、「料理ってやっぱり大変だよね」と改めて共感。
毎日メニューを考えて作るって……なんの修行？って思いますよね。

この言葉をきっかけに、「てまぬきレシピ」は生まれました。
毎日のことだから、ラクにおいしく作りたい。
調味料は限りなく少なく、冷蔵庫にあるもので作れる。
そして何といっても、電子レンジ、炊飯器、トースターなどの調理家電に
まかせられたら、その間は自由時間！（ほったらかしってさいこ〜！）
家族との時間も充実します。

毎日の料理を負担に思っている人が、少しでも楽しめるようになるレシピ。
それが、てまぬきレシピです。
少しでもごはん作りが好きになってもらえたらうれしいです。

Nami Sugata

CONTENTS

てまぬきレシピの いいところ

ごはん作りの苦痛から
解放されましょう!

すがたさんのあみ出した「てまぬきレシピ」には、いいこといっぱい!
毎日の料理がスムーズになり、生活にゆとりが生まれます。
そんなてまぬきレシピのうれしいメリットをまとめてご紹介。

そもそも、"てまぬきレシピ"って?

手間を省きつつもおいしく作れる、すがたさん流ラクちんレシピ。コンロは一切使わず、電子レンジ、炊飯器、トースターだけでできるのが一番のポイント。

ほつたらかせるから…

その間に、別のおかずを作れる

調理家電に入れてスイッチを入れれば、あとはおまかせ! 加熱中は手が空くので、焦ることなく他のおかずを作ることができます。

その間に、
家族との時間を過ごせる

家族と向き合う時間を少しでも作るのは大切。コンロ調理だとずっと台所で料理の様子を見ていなければいけませんが、てまぬきレシピはその必要もなし。その時間を家族とふれあうひとときにできます。

その間に、
洗い物を終えられる

加熱している間に、洗い物などの片付けも終わらせられます。すっきりとした気持ちで食卓につくことができ、食後の片付けもラクに。

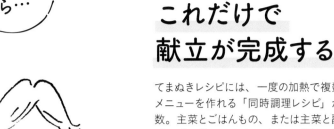

同時調理できるから…

これだけで献立が完成する

てまぬきレシピには、一度の加熱で複数の
メニューを作れる「同時調理レシピ」が多
数。主菜とごはんもの、または主菜と副菜
が同時に作れるから、少ない手間で献立
が完成します。

洗い物が劇的に少ない

一発調理で2品以上のメニ
ューを作れるから、その分
洗い物が少なくなります。
容器の代わりにアルミ箔や
ラップを使うレシピもあり、
その場合は洗い物をぐっと
減らせます。

子どもやお年寄りでも作りやすい

加熱は調理家電におまかせなので、
やけどや火事の危険性が低くて安
心。まだ火に慣れていない子どもや
コンロ調理が心配というお年寄りで
も安全に作れます。

火を使わないから…

調理中も暑くない

とくに暑い季節、コンロ調理は熱気が気になりますよね。てまぬきレシ
ピだとその煩わしさもありません。快適な台所でスムーズな作業が可能。

油の量が少なくて済む

油をたくさん使う中華や揚げ物風のメニューも少量の油
で、もしくは油なしで作れるので、ヘルシー。

めんどうなコンロの掃除不要

コンロは頑固な油汚れの掃除がめんどうですが、
てまぬきレシピならその必要はなし。調理家電が
汚れた場合でも、コンロよりは掃除がだいぶラク。

便利な調味料＆食材

これ1つで味わいを豊かにしてくれる、調味料や食材をご紹介。
本書のレシピでも使われているので、気になったものから試してみて。

めんつゆ
しょうゆ＋みりん＋酒
＋砂糖をこれで代用可。

オイスターソース
コクを足せて、ぐっと
深みのある味わいに。

焼肉のたれ
甘辛味ににんにく風味。
これだけで味の土台に。

マヨネーズ
酸味がほどよくまろや
か。揚げ物の衣にも。

ドレッシング
おすすめは玉ねぎドレ
ッシング。

マーマレード
柑橘のさわやかさと甘
みをプラス。

カレー粉
スパイシーさが出てや
みつき感アップ。

クミンパウダー
辛くないから子ども向
けメニューにも。

ラー油
後入れで辛みを足せて
本格的な味わいに

食べるラー油
クセになる味で具の食
感も楽しく、満足感◎。

すりごま
少量加えるだけでも、香ばし
さとコクをプラスできる。

のりの佃煮
風味豊かで甘みやうまみたっ
ぷりなので、味つけにも。

缶詰
缶汁ごと加えてうまみアップ。
加熱済みなのもうれしい。

白菜キムチ
これだけで味が決まる。グリ
ーンカレーの味の決め手にも！

おろししょうがと
おろしにんにく

どちらも生のものをおろ
して使うのがおすすめ。
風味がよくなり、少ない
調味料でもおいしく仕上
がります。なければチュ
ーブで代用しても OK。

梅干し
塩味と凝縮されたうまみが特
徴。はちみつ漬けもおすすめ。

たくあん漬け
独特の酸味やうまみがアクセ
ントに。漬物類全般が便利。

もずく酢
ほのかな甘みと酸味をプラスで
きる。加熱不要で使いやすい。

この本の使い方

・材料に示した分量は、大さじ1＝15㎖、小さじ1＝5㎖、カップ1＝200㎖です。

・調味料について、とくに注釈のないものは、しょうゆは濃口しょうゆ、塩は食塩、砂糖は上白糖、めんつゆは3倍濃縮のもの、みそは米みそを使用しています。商品によって塩分量が違うので、量を加減してください。

・食材を「洗う」「皮をむく」「ヘタや種をとる」「根元を切る」などの基本的な下ごしらえは省いています。とくに表記がない場合、それらの作業をすませてから調理を開始してください。

・本書のレシピで調理するにあたって、必ず電子レンジ・炊飯器・トースターの取扱説明書をよく読んでください。

・本著のトースターはすべてオーブントースターのことを指します。

・電子レンジ・炊飯器・トースターから器を取り出す際、加熱されて熱くなっている場合があります。お子様が作られる場合などは、やけどにご注意ください。

・電子レンジ、炊飯器、トースターはメーカーや機種によって加熱時間が異なる場合もありますので、レシピの加熱時間を目安に、様子を見ながら加熱時間を調節することをおすすめします。（トースターは庫内の広さによっても熱の通り具合が変わることがあります）。

・電子レンジの加熱時間は、とくに表記がない場合、600Wで加熱した場合の時間を記載しています。ご使用の電子レンジのW数が違う場合は、下の表を参照してください。

・トースターがない場合やトースターの火力が弱い場合は、魚焼きグリル（弱火）で同様に作れます。

・炊飯器を使った同時調理レシピの分量は「作りやすい分量」としておりますが、ごはんものは4人分、おかずは2人分が目安となります。

500W	600W	700W
1分10秒	1分	50秒
1分50秒	1分30秒	1分15秒
2分20秒	2分	1分40秒
3分30秒	3分	2分30秒
4分40秒	4分	3分20秒
5分50秒	5分	4分10秒

［ マークについて ］

第1章「人気のてまぬきおかず」と第5章「てまぬき弁当」では、各レシピで使用する調理家電を上記のマークで表示しています。

作るときに気をつりたいことや食べ方アイデアなどを記載していますので、参考にしてみてください。

炊飯器を使うレシピでは、炊飯器の代わりにフライパンを使った場合の作り方を記載しています。

一部のレシピでは調理時間を以下のマークで表示しています。調理時間は、材料をすべて準備してから完成までにかかる時間です。

第1章

人気のてまぬきおかず

家族みんなが大好きなおかずが、
電子レンジ、炊飯器、トースターを使えば一発で作れちゃう！
「このメニューがこんなに簡単に!?」と驚きのレシピを集めました。
ふだんのごはんに定番入りすること間違いなしです。

さわやかなオレンジ風味！

鶏の照り焼き

電子レンジ

材料 (2人分)

鶏もも肉 ……………………………………………1枚
A｜しょうゆ……………………………… 大さじ2
　｜マーマレードジャム…………………… 大さじ1
片栗粉 ………………………………………小さじ1

作り方

1　ポリ袋に鶏肉とAを入れてよくもみ込む。

2　1の鶏肉を漬けだれごと耐熱皿に取り出し、皮目を上にしておく。片栗粉を茶こしなどでふり、電子レンジで5分加熱する。

3　鶏肉を裏返して表面にたれを塗り、ラップをしてそのまま3分ほどおき、余熱で火を通す。

Point

塗りなおすひと手間でしっかり味に

鶏肉は、加熱後に裏返して漬けだれをすり込むことで、味がよくなじみます。漬け込む時間を省略できますよ。

調味料 2 つだけで
まるでお店の味に

メインもつけ合わせも
一度の加熱で同時に完成！

りんごジャムが隠し味

しょうが焼きと おかかキャベツ

トースター

材料 （2人分）

豚しょうが焼き用肉 ……………………………	250g
キャベツ …………………………	2〜3枚（約150g）

A
めんつゆ（3倍濃縮）…………………	大さじ2
りんごジャム …………………………	大さじ½
しょうが……………………………………	少々

（あれば）クミンパウダー …………………… 適量

B
ごま油、ポン酢しょうゆ ……………	各小さじ1
塩……………………………………	ひとつまみ
削り節……………………………………	適量

作り方

1　キャベツとAのしょうがはせん切りにする。ポリ袋に豚肉とAを入れてよくもみ込む。

2　アルミ箔のヘリを立ててトースターの天板にのせる。アルミ箔にキャベツ、豚肉の順に広げて入れ、クミンパウダーをふる。

3　トースター（1000W以上）で10〜15分加熱する。豚肉を取り出し、アルミ箔の上でキャベツとBをあえる。

Point

キャベツに豚肉を重ねて同時に加熱

キャベツの上に豚肉を広げて加熱することで、キャベツが蒸された状態に。アルミ箔はヘリを立てて器の形にして。

（材料）（2人分／4個分）

合いびき肉	250g
玉ねぎ	¼個
まいたけ	1パック
パン粉	大さじ8
牛乳	大さじ4
塩、こしょう	各少々
A 中濃ソース、トマトケチャップ	各大さじ4
カットトマト缶	½缶

（作り方）

1 プラスチック耐熱保存容器にパン粉を入れて牛乳を加える。玉ねぎはみじん切りに、まいたけは食べやすい大きさにさく。

2 1の容器にひき肉、玉ねぎを加えて塩、こしょうをふり、ゴムべらでよく混ぜ合わせる。平らにならして4等分にし、混ぜ合わせた *A* をかける。

3 まいたけをのせ、ふんわりとラップをして電子レンジで8分加熱する。

Point

手が汚れないからラク

肉だねを混ぜるのも成形するのもゴムべらで行うから、手が汚れません。ゴムべらがなければスプーンでも。

ひき肉は
常温にもどして

ひき肉は冷たい状態で使うと火が通るまでに時間がかかってしまうので、使う少し前に冷蔵室から出しておきましょう。

できあがりまで容器1つで完結！

きのこハンバーグ

電子レンジ

きのこをたっぷりのせ！
大人も子どももすきな味

炊き上がりは
こんな感じ

中までしみしみ！ しょうがも一緒に食べて

豚バラ大根

炊飯器

 材料 （2人分）

豚バラブロック肉 ……………………………300g
大根………………………………… ¼本（約300g）
しょうが ………………………………………30g
A　水 ………………………………… カップ1½
　　しょうゆ、みりん ………………… 各大さじ4
　　砂糖……………………………………… 大さじ2
（あれば）小ねぎの小口切り …………………適量

作り方

1　豚肉は2cm幅、大根は約3cm幅の輪切りに、
　しょうがは薄切りにする。

2　炊飯器に1とAを入れて普通に炊き、30
　〜40分後に様子を見て、火が通っていれ
　ばOK。食べる直前まで保温モードにして
　おく。器に盛り、小ねぎをふる。

Point

大根の大きさは調節を
大根は、太い場合は半月
切りにしても。薄く切ると
味がしみすぎてしょっぱく
なってしまうので、厚みは
ある方がベター。

湯気と香りを目安に
できあがりのタイミングに
迷ったら「炊飯器から湯
気が出ていい香りがして
きたら」を目安にし、途
中で中の様子を見てみて。

フライパンでも作れる

❶豚肉は1cm幅に切り、大根は1cm幅の輪
切りに、しょうがは薄切りにする。❷フラ
イパンに❶とAを入れて中火にかけ、沸騰
したらふたをして弱火で約40分加熱する。
❸具を裏返して火を止め、味がしみるまで
おく（余裕があれば1時間程度）。器に盛り、
小ねぎをふる。

18

おつまみにもなるピリ辛味

キムチ焼き餃子

トースター

材料（2人分）

豚ひき肉………………………120g
餃子の皮………………… 12枚
A　キムチ ………………… 40g
　　トマト…………………½個
　　片栗粉…………… 大さじ1
　　塩 ……………ひとつまみ
ごま油……………… 大さじ½

作り方

1　Aのキムチとトマトは粗みじん切りにする。

2　ひき肉とAを混ぜ合わせ、餃子の皮に等分にのせて、皮のふちに水を塗って折りたたむ。

3　トースターの天板にアルミ箔を敷き、2を並べてごま油を塗り、トースター（1000W以上）で10分加熱する。

Point

ヒダを作らなくていいからラク

トースター加熱にすれば皮からたねが出る心配なし。だから皮は閉じるだけでOK。ヒダを作る手間を省けます。

食材を代えて辛みを抑えても

辛いものが苦手な方やお子様向けに、キムチの代わりに高菜を使ってもおいしく作れます。

こんがりサクサクでまるで揚げ物！

揚げないとんカツ

トースター

材料 （2枚分）

豚とんカツ用肉………………… 2枚
塩、こしょう………………… 各適量
A　小麦粉…………………… 大さじ1
　　マヨネーズ……………… 小さじ1
　　牛乳…………………… 小さじ2
パン粉（あれば「乾煎りパン粉」
　→ p57参照）………………適量
オリーブ油…………………約小さじ1
B　トマトケチャップ、中濃ソー
　　ス、玉ねぎドレッシング
　　………………… 各大さじ1

作り方

1　豚肉はキッチンばさみで数か所切り込みを入れ、塩、こしょうをふる。混ぜ合わせたA（バッター液）を上面に塗り、パン粉をまぶして手でぎゅっと押し付ける。

2　アルミ箔をくしゃっと丸めて広げ、ヘリを立ててトースターの天板におき、1をのせ、スプーンなどでオリーブ油を回しかける。

3　トースター（1000W以上）で10分焼き、様子を見ながら追加で2〜3分ずつ加熱する。器に盛って混ぜ合わせたBをかける。

Point

乾煎りパン粉を
使えば、油は不要

電子レンジで作っておいた「乾煎りパン粉」を使えば、加熱前にオリーブ油は回しかけなくてOK。

バッター液で
衣つけがラク

Aのバッター液は、肉にのせたときにたれないくらいのかたさに。もしかたいようであれば牛乳を増やして。

くずしながら食べるから "セルフ"

セルフ麻婆豆腐

電子レンジ

材料 （2人分）

絹ごし豆腐	1丁（300g）
豚ひき肉	50g
片栗粉	小さじ1弱
A めんつゆ（3倍濃縮）	大さじ4
おろしにんにく、おろししょうが	各小さじ½〜1
小ねぎの小口切り	2〜3本分
（好みで）ラー油	適量

作り方

1　耐熱ボウルに豆腐を入れてひき肉を平らにのせ、片栗粉は茶こしなどでふり、*A* を順にのせる。豆腐に直接当たらないように水 120㎖を加える。

2　ふんわりとラップをして電子レンジで6分加熱する。器に盛り、ラー油をかける。スプーンなどでくずしながらいただく。

Point

材料を入れてチンするだけ

ボウルに材料を順に入れて加熱するだけ。豆腐も切らずにそのままでOK。水は静かに注ぎ入れて。

余熱で火を通すと◎

加熱後はすぐにラップをはずさず、そのまま5分ほどおいて余熱で火を通して。

ホワイトソース作りは不要！

ほったらかしグラタン

炊飯器

 材料 （4人分）

鶏もも肉·················200g
玉ねぎ·····················½個
マカロニ（ゆで時間9分前後の
　もの）·················100g
小麦粉·················大さじ3
A ┌ 塩·················小さじ⅓
　│ こしょう·············少々
　│ 顆粒コンソメ······小さじ2
　└ バター·················15g
牛乳·················カップ2½
ピザ用チーズ···········約50g
（あれば）パセリのみじん切り
·····························適量

作り方

1　鶏肉はひと口大に切り、牛乳大さじ1（分量外）とともにポリ袋に入れてよくもみ、小麦粉を加えてふり混ぜる。玉ねぎは薄切りにする。

2　炊飯器に玉ねぎ、マカロニを順に入れて1の鶏肉をのせ、Aを加えて牛乳を鶏肉に直接当たらないように加える。

3　早炊きモードで炊き、約20分後、香りが立ったらふたを開けて混ぜ合わせる。チーズを加えて再度ふたをし、チーズが溶けるまで保温モードにする。器に盛り、パセリをふる。

炊き上がりはこんな感じ

Point

ポリ袋でムラなく粉をまとわせる

鶏肉は小麦粉とともにポリ袋に入れ、空気を含ませてから閉じてふれば、まんべんなくまぶしつけられます。

トースターで焼き色をつけても

余裕があれば、具を耐熱の器に盛ってチーズ適量をかけ、トースターで焼き色がつくまで加熱するのもおすすめ。

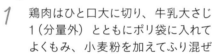

フライパンでも作れる

❶作り方1までは同様に作る。❷フライパンに玉ねぎ、マカロニを順に入れて鶏肉をのせ、Aを加えて牛乳を鶏肉に直接当たらないように加える。❸火にかけ、沸騰してきたらとろ火にしてふたをし、9分加熱する。❹よく混ぜ合わせて塩適量（分量外）で味を調え、チーズを加えてふたをし、チーズが溶けるまで加熱する。器に盛り、パセリをふる。

たっぷり豆とひき肉が好相性

キーマ豆カレー

 電子レンジ

材料 (3〜4人分)

A 豚ひき肉······················ 200g
　カットトマト缶················ ½缶
　玉ねぎ······················ ¼個
　焼肉のたれ·············· 大さじ1
好みの豆（下ゆで済みのもの）
·························· 約100g
カレールウ····················2かけ
（あれば）クミンパウダー··· 小さじ1
ごはん、（あれば）レーズン
·························· 各適量

作り方

1 Aの玉ねぎはみじん切りにする。大きめの耐熱ボウルにAを入れ、スプーンなどでひき肉をほぐしながら混ぜ合わせる。

2 豆、カレールウ、水150㎖、クミンパウダーを加え、ふんわりとラップをして電子レンジで15分加熱する。よく混ぜ合わせ、なじむまで少しおく。ごはんとともに器に盛り、レーズンを飾る。

Point

豆は市販のものを
使えば手軽

豆は蒸し豆や水煮、缶詰など市販のものでOK。豆が苦手な場合は省いたり、ミックスベジタブルに代えても。

加熱した後は
よく混ぜて

加熱直後は水けが多く感じられるかもしれませんが、混ぜ合わせていくことでなじんでいきます。

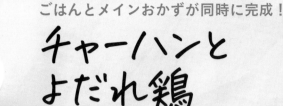

ごはんとメインおかずが同時に完成！

チャーハンとよだれ鶏

炊き上がりはこんな感じ

材料（作りやすい分量）

鶏もも肉……………………………1枚
A｜ 砂糖、塩……………各小さじ½
しょうがの薄切り………………5枚
米……………………………… 2合
ちくわ……………………………1〜2本
小ねぎの小口切り……………1束分
　（2〜3本分は取り分ける）
B｜ 顆粒鶏ガラスープの素…大さじ1
｜ しょうゆ、ごま油……各小さじ1
溶き卵……………………………2個分
水菜……………………………1株
トマト……………………………1個
C｜ ポン酢しょうゆ…………大さじ3
｜ ごま油……………………大さじ2
｜ 水…………………………大さじ1
｜ ラー油……………………小さじ½

作り方

🍚 炊飯器

1 鶏肉に A を順にすり込み、ちくわは0.5cm幅に切る。

2 炊飯器に米と水360mlを入れ、ちくわ、小ねぎ、B を加えて鶏肉をのせてしょうがを貼り付け、普通に炊く。

3 鶏肉としょうがを取り出して溶き卵を回し入れ、ふたをして保温モードにし、5分おいたら混ぜ合わせる。

4 鶏肉は薄切りにし、ざく切りにした水菜、薄切りにしたトマトとともに器に盛る。しょうがはみじん切りにして C、取り分けた小ねぎと混ぜ合わせ、鶏肉に添える。

フライパンでも作れる

❶米を30分以上浸水させ、ざるにあげて水けをきる。作り方1まで同様に作る。❷フライパンに米、ちくわ、小ねぎ、B を入れて鶏肉、しょうがをのせ、水360mlを加えてふたをし、中火にかける。❸沸騰したら弱火にして10分加熱し、ふたをはずして強火にし、パチパチと乾いた音がするまで加熱する。❹音がして20秒ほどたったら火を止め、ふたをして10分ほど蒸らす。❺鶏肉としょうがを取り出し、ごはんをよく混ぜ合わせる。❻再度火にかけて溶き卵を回し入れ、軽く炒める。あとは作り方4と同様に作る。

すがたさんの
レシピノート

すがたさんがレシピ開発のとき
に使うという「レシピノート」。
その中身を見せてもらいました。

「『どうやってレシピを考えているんですか?』と聞かれることがあるのですが、私は絵を描きながら考えることが多いです」とすがたさん。「そのときに使うのが、このレシピノート。無地のスケッチブックに、どんな完成形になるか、どんな工程を経るかなど、アイデアを絵と文字で描き込んでいきます。完成の彩りも大事なので、赤、緑、黄などでおおよその色分けをし、どんな器を使うかも描き込みながら、イメージをふくらませていくんです」。絵を描くというところにこだわりがあるのだそう。「アイデアをパソコンに打ち込むこともありますが、手で描いて残した方がイメージができるし、覚えやすいですね」

（上）着色風景。作業は自宅のリビングで行うことが多いそう。（右）ノートに描いたイメージと、実際に完成したp101「オムレツトースト」。

第2章

電子レンジおかず

肉おかずから魚介おかず、副菜、丼やめんまで、
とにかく幅広いメニューが作れるのが電子レンジ調理の魅力。
ほったらかしで加熱ができるうえ、加熱時間も10分以内でOK。
あっという間に完成するレンチンレシピを一挙にご紹介します。

電子レンジ調理のコツ

スイッチひとつで簡単な電子レンジ調理ですが、
ちょっとしたコツを覚えておくことで、よりスムーズにおいしく。
電子レンジ調理のメリットも合わせてご紹介。

コツ 1 均一に火が通るようにする

食材は円形に並べて

食材を耐熱皿のふちに沿って円形に並べると加熱ムラが防げます。皿の真ん中は空け、具は重ならないように。

電子レンジのタイプによって置く場所を変えて

電子レンジは、大きく分けてターンテーブル型とフラット型の2タイプあります。ターンテーブル型の場合は耐熱容器をテーブルの端に（写真左）、フラット型の場合は庫内の真ん中（写真右）に置くと、加熱ムラが防げます。

コツ 2 火の通りにくいものは薄く、または小さく切って

複数の食材を同時に加熱するので、なすやにんじんなどの火が通りにくい食材は、薄く切る、小さく切るなどして火が通りやすいように。

コツ 3 肉や魚は加熱する前に水分を加えて

肉や魚は、加熱する前に酒をふる、調味液をもみ込むなどして水分を含ませて。それにより加熱後にパサつくのを防げます。

電子レンジ調理のいいところ

コンロ調理より加熱時間が短い

マイクロ波の力で一気に具材を加熱するため、短い時間で調理が完了します。

ほったらかしで加熱できる

スイッチを入れればあとはおまかせ！火加減を調節する手間や焦がす心配もなし。

調理した器のまま食卓に出せてラク

耐熱であれば食器でも加熱できるので、加熱後そのまま食卓へ。洗い物が減らせます。

油を使わなくても作れるからヘルシー

焦げつかないから油なしでも加熱可能。使う場合でも少量でOKだから、ヘルシーに。

コツ 4

ラップは「ふんわりと」が基本

加熱時にラップをする場合は、ふわっとかぶせるようにして。ただし、煮詰めたり乾燥させたりしたい場合はラップをしなくてOK。

コツ 5

加熱後は味をよくなじませて

加熱後は少しおくことで余熱で火が通り、味もしみ込みます。具が細かい場合は混ぜることでさらに味がよくなじみます。

電子レンジ調理にあると便利な 調理器具

プラスチック耐熱保存容器

肉だねなどを容器の中で成形できてラク。熱の通りが早いので、ボウルや丼で代用する場合は様子を見ながら加熱して。約15cm四方、深めものがおすすめ。

耐熱ボウル

材料を混ぜたあとそのまま加熱できる。大小サイズあるとベター。大サイズは直径20〜22cm、小サイズは直径14〜16cmのものがおすすめ。

小さめのトング

大きい具を持ち上げるときなどに便利。小さい方が使い勝手がいい。

小さめの泡立て器

少量の調味料をしっかりと混ぜ合わせたいときに最適。

耐熱皿

具を並べて加熱するときは必須。直径20〜25cmのフラットなものがおすすめ。

同時加熱でソースも一緒に完成！

ポークソテー トマトソース

材料 （2人分）

豚ロース肉 (厚切り) ……………………… 2枚
トマト ……………………………………… 1個
にんにく …………………………………… 1かけ
塩、こしょう ……………………………… 各少々
A　オリーブ油 ………………………… 小さじ2
　　塩 …………………………………… 小さじ½

作り方

1　豚肉は 1cm程度の切り込みを数か所入れ、筋切りする。トマトはヘタをとり、にんにくは半分に切って芽をとる。

2　耐熱皿に豚肉をおき、塩、こしょうをふってにんにくをのせる。横にトマトをおき、ふんわりとラップをする。

3　電子レンジで4分 40 秒加熱し、豚肉を取り出す。トマトの皮をとってにんにくとともにつぶし、A を加えて混ぜてソースを作る。器に盛り、ソースをかける。

Point

トマトは豚肉と一緒に
加熱後、つぶしてソースに

加熱後のトマトの皮は箸などでスルッととれます。フォークなどでつぶして豚肉の蒸し汁と混ぜればおいしいソースに。

豚ロース肉は
厚めのものを使って

豚肉は、とんカツ用などの厚み 1cm程度のものがおすすめ。筋切りはキッチンばさみを使うとスムーズです。

水っぽければ
追加加熱を

ソースが水っぽい場合やとろりとした質感に仕上げたければ、ラップをせずに 30 秒ほど追加で加熱して。

トマトを丸ごと使って
フレッシュなソースに

こっくりごまだれがやさしい

豆苗の肉巻き ごまみそソース

材料

（2人分／12個程度）

豚薄切り肉 ……… 150g（約12枚）
豆苗 ………………………… 1パック
塩、こしょう …………………… 各少々
酒 ……………………………… 大さじ1
A ┌ 白すりごま ………… 大さじ2
　　│ みそ ……………………… 大さじ1
　　│ 砂糖 ………………… 大さじ½
　　└ マヨネーズ ………… 小さじ1

作り方

1 豆苗は長さを半分に切って豚肉で巻き、塩、こしょうをふる。

2 耐熱皿に1を円形に並べて酒をふり、ラップをして電子レンジで4分加熱する。

3 耐熱皿の水分を別の容器にとって*A*を加えて混ぜ、器に盛った肉巻きに添える。

Point

肉巻きは、円形に並べて加熱して

耐熱皿に、中央部分を空けて円形に並べて加熱すると、すべての肉巻きに均等に火が通ります。

32

最後にごま油やラー油をふっても美味

チンジャオロースー

材料 （2枚分）

豚しょうが焼き用肉 ……… 150g
ピーマン …………………… 4個
片栗粉 …………………… 小さじ½
A めんつゆ（3倍濃縮）
　　　　　　　　…………… 大さじ2
　　オイスターソース ‥ 小さじ1
　　おろししょうが ……… 小さじ½
　　水 ………………………… 大さじ1
白いりごま ………………… 適量

作り方

1 豚肉、ピーマンは細切りにする。

2 豚肉をプラスチック耐熱保存容器に入れ、片栗粉をふって箸でなじませる。ピーマンをのせ、*A* を順番に加える。

3 ふんわりとラップをして、電子レンジで4分加熱する。しっかり混ぜて少しなじませたら器に盛り、ごまをふる。

Point

片栗粉は全体に
よくなじませて

豚肉に片栗粉をまぶしたら、箸で肉をほぐしながら全体によくなじませると、加熱後だまになりません。

ひと口食べたら
あら不思議！
手軽に異国の味

キムチ＆豆乳がエスニック風の決め手

グリーンカレー風

材料 (2人分)

鶏もも肉 ……………………………… 約150g
ピーマン …………………………………… 1個
ミニトマト ………………………………… 4個
塩、こしょう …………………………… 各少々
A　キムチ ……………………………… 150g
　　カレールウ ………………………… 1かけ
　　白こしょう ……………………… 小さじ½
　　豆乳 (または牛乳) …………… カップ2
ごはん、パクチー …………………… 各適量

作り方

1　鶏肉はひと口大に切り、塩、こしょうをふる。ピーマンは0.5mm幅に切り、ミニトマトはヘタをとる。

2　耐熱ボウルに1とAを入れ、ラップをせずに電子レンジで10分加熱する。ごはんとともに器に盛り、パクチーを添える。

Point

豆乳は常温にもどしておくと時短

常温にもどした豆乳を使うなら加熱時間は8分でOK。冷蔵室から出したばかりのものを使うなら10分加熱して。

多めに作ってお弁当に入れても◎

ピーマンミートボール

材料 （2人分）

ピーマン ………………………… 2個
片栗粉 ………………………… 大さじ½
パン粉 ………………………… 大さじ3
牛乳 ………………………… 大さじ1
A 合いびき肉 ………………… 150g
　 玉ねぎ ………………………… ¼個
　 マヨネーズ ………………… 大さじ1
B 中濃ソース、トマトケチャップ
　 ………………………… 各大さじ2
　 玉ねぎドレッシング… 大さじ1

作り方

1 耐熱ボウルにパン粉を入れて牛乳を加える。ピーマンは2cm幅程度のざく切りにして片栗粉をまぶす。玉ねぎはみじん切りにする。

2 1のボウルにAを加えて混ぜ合わせ、ピーマンを加えてざっくり混ぜる。ゴムべらで平らにならして8等分にしてから手で丸め、ボウルに戻し入れる。

3 ふんわりとラップをして、電子レンジで4分加熱する。一度軽く混ぜ、ラップをしたまま5分程度おいて余熱で火を通す。器に盛り、混ぜ合わせたBをかける。

Point

丸める工程は
省いても

肉だねは、p16「きのこハンバーグ」のようにゴムべらで平らにならして等分にするだけでも。手が汚れずに済みます。

加熱後に混ぜる
ひと手間が大切

レンチン後はしばらくおいて余熱で火を通して。一度混ぜることで、火の通りのムラがなくなります。

36

なすはなるべく薄く切って火の通りをよく

チャプチェ

材料 （4人分）

豚薄切り肉 ……………………200g
なす ……………………………2本
春雨 ………………………………70g
片栗粉 ……………………大さじ1
A 焼肉のたれ ………… 大さじ3
　めんつゆ（3倍濃縮）
　　　　　　　　　　 大さじ2
　砂糖、ごま油 …… 各大さじ1
（あれば）白いりごま ………適量

作り方

1　なすは薄切りにする。春雨は長ければ切り、水にくぐらせる。豚肉は片栗粉とともにポリ袋に入れてふり、A を加えてもみ込む。

2　大きめの耐熱ボウルに春雨を並べ、なす、豚肉の順にのせ、水カップ1を加える。電子レンジで7分加熱し、混ぜ合わせる。器に盛ってごまをふる。

Point

豚肉に片栗粉をまぶすのがコツ

豚肉ははじめに片栗粉をまぶしておくことで、やわらかくなり、肉同士がくっつきにくくなります。

春雨は緑豆春雨がおすすめ

じゃがいも由来の春雨よりも豆由来の緑豆春雨の方が、でんぷん質が少なくてかたまりにくく、扱いやすいです。

しっとり鶏肉にたれをたっぷりかけて

レンジ蒸し鶏

材料（２人分）

鶏むね肉……………………１枚
しょうがの薄切り……３枚
砂糖……………………小さじ１
塩………………ひとつまみ
酒……………………大さじ２

作り方

1 鶏肉は厚い部分は開き、砂糖をまんべんなくもみ込み、５分ほどおく。表面の水けをふき取り、耐熱皿にのせ、塩をふってしょうがをのせ、酒をふりかける。

2 ふんわりとラップをして電子レンジで５分加熱し、そのまま５分ほどおいて余熱で火を通す。蒸し汁はとっておく。

3 冷めたら食べやすく切って器に盛り、ねぎだれとトマトだれを添える。

●ねぎだれ

材料（作りやすい分量）
「レンジ蒸し鶏」の蒸し汁 …… 大さじ１
小ねぎの小口切り ………………２本分
ポン酢しょうゆ………………… 大さじ２
ごま油、白いりごま …………各小さじ½

作り方 すべての材料を混ぜ合わせる。

●トマトだれ

材料（作りやすい分量）
「レンジ蒸し鶏」の蒸し汁 …… 大さじ１
トマト（1cm角に切る）………………½個
ポン酢しょうゆ………………… 大さじ２
ごま油、白いりごま …………各小さじ½

作り方 すべての材料を混ぜ合わせる。

コロンと見た目がかわいい中華風

しいたけシュウマイ

材料 （8個分）

豚ひき肉·····························150g
しいたけ·······························8個
玉ねぎ·································⅛個
もやし·································1袋
片栗粉·····························小さじ1
A　しょうがのみじん切り······3g
　　めんつゆ（3倍濃縮）、
　　オイスターソース
　　························各小さじ1
B　ごま油·················小さじ1
　　おろしにんにく······½かけ分
　　塩·····························少々
練りがらし·····················適量

作り方

1　しいたけは軸を切り、かさに小麦粉適量（分量外）をふる。軸はかたい部分は除き、みじん切りにする。玉ねぎは粗めのみじん切りにして片栗粉をまぶす。

2　ひき肉、しいたけの軸、玉ねぎ、Aを混ぜ合わせて8等分にし、しいたけのかさにつけて丸く成形する。

3　耐熱皿にもやしを広げ、上に2をしいたけが下になるように円形に並べ、ラップをして電子レンジで5〜6分加熱する。シュウマイを取り出してBともやしを混ぜ合わせる。器に盛り、からしを添える。

Point

もやしの上に
具を円形に並べて

シュウマイは均等に火が通るよう、皿のふちに沿うように円形に並べて加熱を。もやしを下に敷けば、肉汁がしみておいしくなります。

「ぶり照り」がレンジでできちゃう！

ぶりの照り蒸し

材料 （2人分）

ぶり ………… 2切れ （計約250g）
塩 ……………………………… 少々
片栗粉 ………………………… 小さじ1
A めんつゆ（3倍濃縮）、水
　　 …………………… 各大さじ1
　 しょうがのせん切り
　　 …………………… ひとつまみ
　 砂糖 ……………………… 小さじ1

作り方

1 ぶりは包丁の先などで皮目を数か所刺す。塩をふって10分おき、ペーパータオルで水けをふき取る。耐熱皿に並べて片栗粉を茶こしなどでまぶし、混ぜ合わせた **A** をかける。

2 ふんわりとラップをして電子レンジで2分40秒加熱する。

破裂を防ぐため
皮に穴を空けて

加熱中に破裂するのを防ぐため、皮に数か所穴を空けてから加熱して。包丁の代わりにつまようじを使っても。

ラップ＆クッキングシートの"2重蒸し"で

しめさばアクアパッツァ

材料 （2人分）

しめさば（半身）····· 1切れ
あさり ·····8個
ズッキーニ ·············· ½本
ミニトマト ··············6個
にんにく ···········1かけ
A | オリーブ油····大さじ1
　 | 酒 ···········小さじ1
　 | 黒こしょう ········少々

作り方

1 ズッキーニとにんにくは薄切りにし、ミニトマトはヘタをとる。しめさばは2等分にして皮目に切り込みを数か所入れ、切り込みににんにくをさしこむ。

2 クッキングシートを広げてしめさば半分、あさり4個、ズッキーニ半量、ミニトマト3個を並べ、混ぜ合わせたAの半量を回しかけて口を閉じる。もう1人分も同様に作る。

3 2を耐熱皿に並べ、ふんわりとラップをして電子レンジで4分加熱する。

Point

クッキングシートはキャンディー包みに

クッキングシートは手前と奥から折りたたんで両端をねじるとうまく包めます。あさりの口が開くよう大きめに包んで。

さけは大きさや厚さを揃えて

さけのからあげ サラダ仕立て

材料 （2人分）

甘塩さけ……………… 3切れ
きゅうり……………… ½本
レタス………………… 3枚
焼肉のたれ、片栗粉
　　　　　…………… 各大さじ2
サラダ油……………… 大さじ1
A　玉ねぎのみじん切り
　　　　…………………⅛個分
　　ポン酢しょうゆ…大さじ2
　　砂糖、レモン汁、
　　　　ごま油……… 各小さじ1

作り方

1 さけは1切れを3等分にそぎ切りにする。焼肉のたれをかけてラップをし、5分ほどおいて味をなじませる。ペーパータオルで汁けをふき、茶こしなどで片栗粉をまぶす。

2 きゅうりはピーラーで帯状に切り、レタスは食べやすい大きさにちぎる。Aは混ぜ合わせる。

3 耐熱皿にクッキングシートを敷き、さけを円形に並べてサラダ油をふり、ラップをせずに電子レンジで4分30秒加熱する。きゅうり、レタスとともに器に盛り、Aをかける。

Point

さけは円形に並べ
油を全体にかけて

さけは均一に火が通るよう、耐熱皿のふちに沿うように円形に並べて加熱を。サラダ油はさけ全体にまんべんなくふって。

とろりとした甘酢あんにほっとする

蒸しがれいの甘酢あんかけ

材料 （2人分）

かれい……… 2切れ（200g 程度）
長ねぎの斜め薄切り ……… ¼本分
しょうがのせん切り
　　……………………… 半かけ分（5g）
塩 ……………………………… 少々
A　ポン酢しょうゆ …… 大さじ 3
　　砂糖、水 ………… 各大さじ 1
　　片栗粉……………… 小さじ½

作り方

1　かれいは塩をふって少しおき、ペーパータオルで水けをふき取る。皮目に十字に切り込みを入れる。

2　耐熱ボウルに長ねぎとしょうがを入れ、1を加える。混ぜ合わせたAをかけてふんわりとラップをし、電子レンジで 4～5 分加熱する。

3　かれいを取り出して器に盛り、蒸し汁をよく混ぜてかける。

Point

切り込みを入れて
破裂防止を

皮目に十字に切り込みを入れることで、加熱中に破裂するのを防げます。

食べるラー油でピリ辛＆コク豊か！ おつまみにも

ガーリックシュリンプ

材料 （2人分）

殻付き無頭えび……………12尾（150g 程度）
グリーンアスパラガス ………………… 2本
玉ねぎ…………………………………………⅛個
A ｜ 片栗粉、水 ……………………… 各大さじ1
B ｜ 食べるラー油、レモン汁 ………… 各小さじ1
　｜ オリーブ油 …………………………… 大さじ1
　｜ バター ………………………………………10g

作り方

1　えびは背ワタをとり、足先と尾の先を切る。A をもみ込んで流水で洗い、ペーパータオルで水けをふき取る。アスパラガスは 3cm幅の斜め切りに、玉ねぎは粗みじん切りにする。

2　プラスチック耐熱保存容器に 1、B を順に入れてふんわりとラップをし、電子レンジで3分加熱する。

2品同時に完成！ 蒸し汁を活かして

ソーセージとザワークラウト

材料 （2人分）

ウインナーソーセージ… 8本
キャベツ………………… 2枚
A　顆粒コンソメ …小さじ1
　　砂糖…………… 小さじ½
　　酢 …………… 大さじ1
粒マスタード……………適量

作り方

1 キャベツはせん切りにする。

2 耐熱皿にキャベツ、A、ソーセージを順にのせてふんわりとラップをし、電子レンジで2分加熱する。

3 ソーセージを取り出し、キャベツと蒸し汁をよく混ぜる。器に盛り、粒マスタードを添える。

缶詰を使ってメイン級のボリューム副菜に

さば缶とポテトのサルサ風

材料 （2人分）

さば水煮缶 …………………1缶
じゃがいも‥1個（120g 程度）
ピーマン …………………1個
トマト ……………………½個

A　マヨネーズ ……… 大さじ1
　　しょうゆ ………… 小さじ1
　　塩 ………………… ひとつまみ

B　レモン汁、オリーブ油
　　…………… 各小さじ1
　　黒こしょう ……… 2ふり
　　タバスコ®
　　…… 4ふり〜お好みで

作り方

1　じゃがいもは皮つきのままラップを
し、電子レンジで2分〜2分30秒
加熱する。ラップごと水につけて熱
いうちに皮をむく。

2　トマト、ピーマンはみじん切りにする。

3　1をボウルなどに入れて粗めにくずし、
Aを加えて混ぜ合わせる。粗くほぐし
たさば缶のさばとともに、器に盛る。

4　2、B、さば缶の缶汁大さじ2を混ぜ
合わせて3にかけ、冷やしていただく。

Point

ピーマンは
細かく刻んで

ピーマンはトマトよりも
細かいみじん切りにし
て。そうすることで味
なじみがよくなります。

ポン酢 × ジャムのダブル柑橘でさわやか

にんじんラペ

材料 （2人分）

にんじん……………………… ½本
塩……………………………小さじ¼
A ポン酢しょうゆ、
　マーマレードジャム、
　オリーブ油………… 各大さじ1
黒こしょう ………………… 適量

作り方

1 にんじんはせん切りにし、塩を
ふって5分おき、水けを絞る。

2 プラスチック耐熱保存容器に1
とAを入れて電子レンジで1
分加熱し、よく混ぜ合わせる。
器に盛り、黒こしょうをふる。

できたてでも冷やしてもおいしい

オイスター枝豆

材料 （2人分）

枝豆…………………… 200g
にんにく …………… ½かけ
A オイスターソース、
　しょうゆ、
　ごま油…各小さじ1

作り方

1 にんにくはみじん切
りにする。

2 耐熱皿に枝豆、1、
Aを入れてふんわり
とラップをし、電子
レンジで4分加熱
する。よく混ぜ合
わせたら再度ラッ
プをかけ、少しお
いて粗熱をとる。

Point

加熱後は
味をなじませて

冷める間に味がなじん
でいくので、レンチン
後混ぜて再度ラップを
かけたら、粗熱がとれ
るまで少しおいて。

ほのかな酸味が疲れた体にうれしい

もずく酢ープ

材料（2人分）

もずく酢……………………… 1パック（60g）
オクラ………………………………… 2本
A｜めんつゆ（3倍濃縮）………… 大さじ1½
　｜おろししょうが ………………… 小さじ1
　｜梅干し（種を取ってたたく）………… 1個
小ねぎの小口切り ………………… 2本分

作り方

1　オクラは輪切りにする。A、水240ml
　　とともに耐熱ボウルに入れて電子レン
　　ジで4分加熱する。

2　1にもずく酢を加えて混ぜ、器に盛っ
　　て小ねぎを散らす。

一
丼とめん

卵の甘みがやさしいシンプル丼
卵丼

材料 （1人分）

卵……………………2個
長ねぎ……………………¼本
A　めんつゆ（3倍濃縮）
　　　……………大さじ1
　　砂糖…………小さじ1
　　水……………大さじ3
ごはん……………丼1杯分
刻みのり……………適量

作り方

1　長ねぎは斜め薄切りにし、飾り用を取り分ける。卵、Aとともにプラスチック耐熱保存容器に入れて混ぜ合わせる。

2　ふんわりとラップをして電子レンジで1分50秒加熱し、少し蒸らしてから、器に盛ったごはんの上にのせ、飾り用の長ねぎ、のりをかける。

Point
使う容器によって加熱時間の調節を

耐熱容器は、プラスチック耐熱保存容器がおすすめ。それ以外のものを使う場合は加熱時間をやや長めにして。

にらを長ねぎに代えても美味

餃子丼

材料 （1人分）

豚ひき肉……………………………50g
にら……………………………… 2本
餃子の皮………………………… 4枚
A　水…………………………… 50mℓ
　　めんつゆ（3倍濃縮）…… 小さじ2
　　焼肉のたれ…………… 小さじ1
　　片栗粉………………… 小さじ½
ごはん………………………… 丼1杯分
（好みで）ラー油………………… 適量

作り方

1　にらは2cm幅に切り、餃子の皮は半分に切ってから1.5cm幅に切る。

2　プラスチック耐熱保存容器に1、ひき肉、Aを入れて混ぜ、電子レンジで1分20秒加熱する。器に盛ったごはんの上にのせ、ラー油をかける。

Point

餃子の皮は
重ならないように

材料を混ぜた後、できるだけ餃子の皮同士が重なっていない状態に整えてから加熱して。

好みで味を
アレンジしても

ラー油の代わりにごま油を使っても。また、酢適量をかけるとさっぱり感が加わっておいしく仕上がります。

めんの加熱とつけ汁作りを同時に

豚しゃぶつけめん

材料 （1人分）

しゃぶしゃぶ用豚バラ肉 ……… 50g
そうめん（ゆで時間1～2分のもの）
………………………………… 100g
A　めんつゆ（3倍濃縮）
　　　………………… 大さじ1
　　おろししょうが
　　　……… 小さじ1～好みで
　　梅干し ……………… 1個
長ねぎの斜め薄切り ……… ¼本分
長ねぎ（青い部分）の斜め薄切り
………………………………… 少々

作り方

1　Aの梅干しは種を取ってたたき、丼にAを入れておく。

2　プラスチック耐熱保存容器に湯カップ2を入れ、そうめんを箸でバラしながら入れる。豚肉、長ねぎを容器内の外側におき、ラップをせずに電子レンジで2分加熱する。

3　1の丼の上にざるをおき、2を流し入れる。ざるから肉と長ねぎを取り出して丼に加え、長ねぎの青い部分を散らす。そうめんは水でしめて別の器に盛る。

Point

ゆで汁を無駄なく活用して

ゆで汁がそのままつけ汁に。湯切りとつけ汁作りが一緒にできるので、洗い物も減らせます。

電子レンジでお湯も沸かせる

水なら5分、水道から出る40℃程度の湯なら4分、電子レンジで加熱すれば熱湯に（カップ2の場合）。

冷凍うどんでラクちんごはん

冷凍うどんは、使い勝手がよくストックもできる優秀食材。
そんな冷凍うどんを使った、レンチンだけで作れるレシピをご紹介。
鍋でゆでる必要がないから、とにかく簡単です。

冷凍うどんはココが便利！

- 火を使わずに調理できる -

レンジで解凍できる

冷凍うどんの解凍は、電子レンジにまかせればラク。耐熱皿などにのせて、袋の表示通りに加熱して。湯を沸かさなくていいから時短にもなります。

具材やつゆと同時加熱もできる

耐熱の器に具材や調味料とともに入れて加熱すれば、あっという間に一品完成！ うどんは凍ったままの状態でOK。洗い物が減らせるのもうれしいところ。

冷凍室にストックできる

さっと食べたいときのお助け食材に

冷凍の状態なら長期間保存が可能。冷凍室に多めに常備しておけば、忙しい日の夜ごはんやランチ、夜食など、ささっと食べたいときに便利です。

あらゆる味つけに合う

いろんなアレンジで楽しめる

さまざまな具材や味つけに合うゆでうどん。あたたかくするか冷たくするかもお好みで。幅広いアレンジができるので、飽きずに楽しめます。

5分

解凍してあえるだけ！
葉物野菜で温サラダ風

塩けとクリーミーさが絶妙

明太マヨサラダうどん

材料 （1人分）

冷凍うどん ……………………………… 1玉
明太子 …………………………………… 1腹
A｜バター …………………………………… 5g
　｜マヨネーズ …………………………… 大さじ1
レタス …………………………………… 2〜3枚
小ねぎの小口切り ……………………… 2本分

作り方

1　明太子は皮をとり、うどんは電子レンジで袋の表示通りに解凍する。

2　うどんが熱いうちにうどん、明太子、A を丼に入れて混ぜ、レタスを添え、小ねぎをふる。

梅が香る、ひんやり具だくさんめん

梅さば納豆うどん

材料 (1人分)

冷凍うどん……………………………… 1玉
さば水煮缶……………………… ½缶 (190g)
納豆 (付属のたれも使う)………… 1パック
梅干し………………………………… 1個
めんつゆ (3倍濃縮)……………… 大さじ1
小ねぎの小口切り …………… 約2本分

作り方

1 うどんは電子レンジで袋の表示通りに
解凍し、水でしめて器に盛る。梅干し
は種を取りたたいておく。

2 ボウルにさば缶のさば、缶汁大さじ1、
納豆、納豆の付属のたれ、梅干し、め
んつゆを入れ、さばをつぶしすぎないよ
うにざっくり混ぜ合わせる。1のうどんに
のせ、小ねぎをふる。

5分

納豆のねばりがクセになる
さば缶は缶汁も加えて

8分

キムチとカレー粉でガッツリ味に

キムチカレーうどん

材料 （1人分）

冷凍うどん ……………………………… 1玉
長ねぎ ……………………………………… ¼本
ベーコン ……………………………………… 1枚
A キムチ …………………… 約大さじ2 (40g)
　 カレールウ …………………………… 1かけ
　 水 ……………………………………… カップ1

作り方

1　長ねぎは斜め薄切りにし、ベーコン
　 は食べやすく切る。

2　大きめの耐熱の丼に1、Aを入れ、
　 うどんをのせる。ふんわりとラップ
　 をして電子レンジで6分加熱し、よ
　 く混ぜる。

きのこと豚肉でうまみたっぷり

まいたけ肉うどん

8分

材料 （1人分）

冷凍うどん ……………………………… 1玉
豚薄切り肉（または豚こま切れ肉）…… 50g
まいたけ ………………………………… 50g
にら ……………………………………… 2本
A のりの佃煮 ………………… 大さじ½
　 めんつゆ（3倍濃縮）………… 大さじ1
　 水 …………………………… カップ1

作り方

1　まいたけはほぐし、にらはざく切りにする。

2　大きめの耐熱の丼に豚肉、1、Aを順に入
　 れ、うどんをのせる。ふんわりとラップ
　 をして電子レンジで6分加熱し、よく混
　 ぜる。器に盛る。

いろんな場面で使える！

電子レンジで下ごしらえ

電子レンジは、仕上げ加熱だけでなく下ごしらえでも活躍します。
めんどうなあの作業が、レンチンであっという間に完了！
少しずつの積み重ねが時短につながります。

切る大きさを変えるのがコツ
にんじんやじゃがいもの下ゆで

じゃがいも1個（150g）はひと口大に切り、にんじん½本（70〜80g）は小さめの角切りにし、軽く水でぬらして耐熱皿に並べる。ふんわりとラップをして電子レンジで2〜3分加熱する。

ふっくら＆ジューシー！
蒸しなす

なすはヘタに切り込みを入れて水でぬらし、水けがついたままラップでしっかりめに包み、電子レンジで1本につき2分加熱する。

薄い皮がつるんとむける
トマトの皮むき

トマトのお尻に十字に浅く切り込みを入れ、ラップで包んで耐熱皿におく。電子レンジで40秒加熱し、すぐに水につける。

ほくほくとした仕上がりに
焼き芋

さつまいも中1本（300g程度）は洗ってペーパータオルで包み、水でぬらしてラップで包み、電子レンジ（200W）で10分加熱する。竹串をさしてかたい場合は、裏返して追加で10分加熱する。

温泉卵
1個作りたいならレンチンで

耐熱容器に卵を割り入れ、フォークで穴を開ける。水をかぶるくらい加え、ラップをせずに電子レンジで50秒〜1分加熱する。p61「まとめて作る温泉卵」も参考に。

カリカリベーコン
じっくり焼く必要なし

耐熱皿にペーパータオルを敷き、ベーコンを並べる。ラップをせずに電子レンジで1枚につき1分加熱する。

乾煎りパン粉
サクサク！ まぶせば揚げ物風に

耐熱皿にペーパータオルを敷き、パン粉大さじ3〜カップ1を広げる。サラダ油大さじ½を回しかけ、電子レンジで1分30秒加熱し、熱いうちに混ぜる。

干ししいたけのだし
簡単だからその都度作っても

耐熱ボウルに干ししいたけ3〜4個と水カップ1〜1½を入れ、電子レンジで2分30秒〜3分加熱し、しいたけを取り出す。

いろんなだしがとれる！

かつおだしの場合
削り節6〜7gと水カップ1〜1½を入れ、電子レンジで2分加熱する。ペーパータオルを敷いたざるでこす。

昆布だしの場合
昆布5cm程度（はさみで切り込みを入れる）と水カップ1〜1½を入れ、10分ほどおく。電子レンジで3〜4分加熱し、昆布を取り出す。

第3章

炊飯器おかず

炊飯器をお持ちの方、ごはんを炊くだけではもったいない！
ごはんものとおかずを同時に作れる「同時調理」メニュー、
炊飯器だからこそおいしいおかず、手間いらずのめんレシピなど、
もっと炊飯器を使いたくなる活用レシピをご紹介します。

炊飯器調理のコツ

「こんなにいろんなメニューができちゃうの？」と驚きの炊飯器調理。
作るときのコツや注意しておきたいことをまとめました。
実際に作ってみる前に一度確認してみて。

炊飯器調理のいいところ

ごはんとおかずが同時に完成

ごはんものとメインおかずが同時に作れるのが、炊飯器調理の一番の特徴。それぞれの材料を一緒に炊飯器に入れてスイッチを押すだけで、献立が完成します。

同時調理をする時は…

余裕があれば、炊く前に米を浸水させておくとベター。炊くときは、炊飯器に機能があれば「炊き込みモード」で、なければ普通に炊飯して。

ほったらかしで加熱できる

電子レンジやトースターよりも加熱時間が長いですが、その分手が空く時間も長く、加熱中にあらゆる作業を終えられます。

肉がやわらかく仕上がる。低温調理も！

炊飯器で加熱すると肉はしっとりと仕上がります。保温モードを使えば低い温度での加熱もできるので、「ローストビーフ」（p82）などを作るときに最適！

コツ 1

水分の量は気持ち少なめに

調味料や加熱中に出た食材からの水分も加わるので、水の量は「やや少なめかな？」と思うくらいで OK。加えすぎるとべちゃっとした仕上がりになってしまうことも。

コツ 2

粉類が炊飯釜に当たらないように

小麦粉やめん類など粉類を入れるときは、焦げつくのを防ぐため、なるべく釜に接しないようにして。スパゲッティなどの乾めんは、加熱中にめん同士がくっつかないようにばらけさせて入れるのもポイント。

コツ3

作る前に、お使いの炊飯器の機能をよく確認して

炊飯器は機種によって機能がさまざま。米以外の食材を炊けないものや水分がなくなるまで炊き続けるもの、途中でふたが開けられないものも。作る前にお持ちの炊飯器を確認し、ご自身の判断で使用するようにしてください。途中にふたを開けられないものの場合は、一度スイッチを切ってから開け、閉めたあと保温モードにすればOK。

コツ4

加熱後はやけどに注意して

加熱後は炊飯器の中が高温になっているので、炊き上がったあとや加熱途中で一度ふたを開けるときは蒸気によるやけどに気をつけてください。

炊飯器をお持ちでない方は…

フライパンで代用できます

炊飯器がなくても大丈夫。炊飯器で作るレシピにはすべて、フライパンを使った場合の作り方も併記していますので、参考にしてください。

\ 炊飯器でカンタン！ /

まとめて作る温泉卵

余裕があるときにまとめて作っておけば、忙しいときに便利。冷蔵室で2〜3日程度保存可能。

材料（作りやすい分量）

卵（冷蔵室から出したばかりのもの）
…………………………… 10個

Point
湯の温度は保温モードにした時点で70℃が目安。湯と卵の温度で加熱時間が変わるので調節を。

作り方

1 炊飯釜に卵を入れ、卵がかぶるくらいの熱湯を注ぐ（5合の線が目安）。

2 炊飯器にセットし、保温モードで15〜20分ほどおく。

できあがり！

ちなみに
一度にたくさん作るなら炊飯器がラクですが、1個だけならレンチンがおすすめ。詳しくはp57「電子レンジで下ごしらえ」の「温泉卵」へ。

同時調理

ごはんとおかずが同時に作れ、
あっという間に献立が完成。
肉おかずも魚おかずも幅広く！

塩昆布とみそで変化をつけて

鶏チャーシューと塩昆布ごはん

材料 （作りやすい分量）

鶏もも肉……………………………1枚
A　おろしにんにく …………………½かけ分
　　塩 ………………………………小さじ½
　　おろししょうが …………………小さじ½
米 …………………………………… 2合
塩昆布……………………………… 大さじ2
ごま油……………………………… 大さじ1
B　みそ ……………………………大さじ1½
　　みりん、おろししょうが …………各小さじ2
大葉……………………………… 10枚
サニーレタス……………………………4枚

作り方

1　鶏肉にAを順にすり込む。炊飯器に米、塩昆布、ごま油、水380㎖を入れて鶏肉をのせ、普通に炊く。

2　炊き上がったら鶏肉を取り出して食べやすく切って器に盛り、混ぜ合わせたB、サニーレタス、大葉を添える。ごはんは混ぜ合わせて器に盛る。

Point

みそだれは辛みを抑えても

辛みが苦手なら、おろししょうがの汁だけを加えるようにすれば、辛さが抑えられます。子どもにも食べやすく。

フライパンでも作れる

❶米を30分以上浸水させる。鶏肉にAを順にすり込む。❷米をざるにあげて水をきり、塩昆布、ごま油、水380㎖とともにフライパンに入れ、鶏肉をのせる。ふたをして中火にかけ、沸騰したら弱火にして10分加熱する。❸ふたをはずして強火にし、パチパチと乾いた音がしてから20秒くらいたったら火を止める。ふたをして10分蒸らす。あとは作り方2と同様に作る。

炊き上がりはこんな感じ

鶏チャーシュー

鶏肉とみそだれ、大葉を
レタスで包んでどうぞ

塩昆布ごはん

あさりごはん

鶏ももの
梅おろしソース

さっぱり、じんわり。
鶏とあさりのうまみを味わって

あさりの殻は器に盛る前にはずしても

鶏ももの梅おろしソースとあさりごはん

材料 (作りやすい分量)

鶏もも肉……………………………1枚
A しょうゆ……………………大さじ1
　砂糖………………………小さじ1
米…………………………………2合
あさり (砂抜きしておく) ……………300g
しょうがのせん切り …………………5g
B 大根おろし…………………約⅕本分
　めんつゆ (3倍濃縮) …………大さじ1
梅干し……………………………2個
大葉のせん切り ……………………3枚分
白髪ねぎ ………………………………適量

作り方

1 ポリ袋に鶏肉とAを入れてよくもみ込む。大根おろしはざるにあげて水けをきる。梅干しは種を取ってたたく。

2 炊飯器に米、あさり、しょうが、鶏肉を漬けだれごと、水380mlを入れて普通に炊く。

3 炊き上がったら鶏肉を取り出して薄切りにし、Bとともに器に盛り、梅干し、大葉を添えて白髪ねぎをのせる。ごはんは混ぜ合わせてから器に盛る。

フライパンでも作れる

❶米を30分以上浸水させ、ざるにあげて水けをきる。作り方1まで同様に作る。❷フライパンに米、あさり、しょうが、鶏肉を漬けだれごと、水380mlを入れる。ふたをして中火にかけ、沸騰したら弱火にして10分煮る。❸ふたをはずして強火にし、パチパチと乾いた音がしてから20秒くらいたったら火を止める。ふたをして10分蒸らす。あとは作り方3と同様に作る。

炊き上がりはこんな感じ

鶏肉の漬けだれを活かしてソースに

甘辛オレンジチキンと
カレーピラフ

材料 （作りやすい分量）

鶏もも肉……………………………………1枚
A　しょうゆ……………………………大さじ3
　　マーマレードジャム…………………大さじ1
米……………………………………………2合
さやいんげん………………………………10本
B　湯……………………………………40㎖
　　カレールウ……………………………1かけ
　　顆粒コンソメ………………………小さじ2
C　トマトケチャップ……………………大さじ1
　　マーマレードジャム…………………小さじ1

作り方

1　ポリ袋に鶏肉とAを入れてよくもみ込む（漬けだれはとっておく）。さやいんげんは5mm幅に切る。Bは混ぜ合わせておく。

2　炊飯器に米を入れて鶏肉をのせ、さやいんげん、水380㎖、Bを加えて普通に炊く。

3　炊き上がったら鶏肉を取り出し、ピラフはよく混ぜ合わせ、ともに器に盛る。

4　1の漬けだれとCを混ぜ合わせ、電子レンジで40秒加熱し、3にかける。

フライパンでも作れる

❶米を30分以上浸水させ、ざるにあげて水けをきる。作り方1まで同様に作る。❷フライパンに米を入れて鶏肉をのせ、さやいんげん、水380㎖、Bを加える。ふたをして中火にかけ、沸騰したら弱火にして10分煮る。❸ふたをはずして強火にし、パチパチと乾いた音がしてから20秒くらいたったら火を止める。ふたをして10分蒸らす。あとは作り方3から同様に作る。

炊き上がりはこんな感じ

甘辛オレンジチキン

カレーピラフ

マーマレードと
- - - - - - - - - - -
カレー風味が好相性
- - - - - - - - - - -

ケチャップライス

ミートボール

子どもが喜ぶケチャップ味！
お弁当にもぴったり

トマトも丸ごと一緒に炊飯して

ミートボールと
ケチャップライス

材料 （作りやすい分量）

A	豚ひき肉	250g
	ピーマン	1個
	パン粉	大さじ5
	牛乳、焼肉のたれ	各大さじ1
	粒マスタード	小さじ1
米		2合
玉ねぎ		½個
ウインナーソーセージ		4本
トマト		1個
B	顆粒コンソメ	大さじ1
	トマトケチャップ	大さじ4
C	トマトケチャップ	大さじ1
	中濃ソース	大さじ1½
パセリのみじん切り		適量

作り方

1　*A*のピーマンと玉ねぎは粗みじん切り、ソーセージは輪切りにし、トマトはヘタをとって十字に切り込みを入れる。*A*を混ぜ合わせて丸く形を整えて、ミートボールを作る。

2　炊飯器に米、玉ねぎ、ソーセージ、*B*、水380mℓを入れ、トマトとミートボールをのせて普通に炊く。

3　炊き上がったらミートボールとトマトを取り出す。ケチャップライスはよく混ぜ合わせ、ミートボールとともに器に盛る。トマトは皮をとって*C*と混ぜ合わせ、ミートボールにかけ、パセリをふる。

Point

トマトはつぶしてソースに

炊飯後、トマトは取り出してフォークなどでつぶしてソースに。好みで粗めにつぶしても。

フライパンでも作れる

❶米を30分以上浸水させ、ざるにあげて水けをきる。作り方1までは同様に作る。❷フライパンに米、玉ねぎ、ソーセージ、*B*、水380mℓを入れ、上にトマトとミートボールをのせる。ふたをして中火にかけ、沸騰したら弱火にして10分煮る。❸ふたをはずして強火にし、パチパチと乾いた音がしてから20秒くらいたったら火を止める。ふたをして10分蒸らす。あとは作り方3と同様に作る。

炊き上がりはこんな感じ

しっかり味で箸がすすむ

さけのちゃんちゃん焼き風ときのこの炊き込みごはん

材料 （作りやすい分量）

生さけ……………………………………2切れ
キャベツ…………………………………1枚
にんじん…………………………………¼本
A┌みそ……………………………………大さじ1
 ├めんつゆ（3倍濃縮）、砂糖、酒……各小さじ1
 └おろしにんにく………………………½片分
バター……………………………………10g
米…………………………………………2合
鶏もも肉…………………………………½枚
まいたけ…………………………………1パック
B┌しょうがのせん切り…………………5〜10g
 ├めんつゆ（3倍濃縮）…………………大さじ3
 └焼肉のたれ……………………………大さじ1
小ねぎの斜め切り、刻みのり……………各適量

作り方

1 鶏肉はひと口大に、キャベツはさけがのるくらいの大きさに切り、にんじんは3mm厚さ・2cm長さの短冊切りにする。まいたけはほぐす。

2 炊飯器に米、鶏肉、まいたけ、B、水360mlを入れ、その上にキャベツ、にんじん、さけの順にのせる。混ぜ合わせたAをさけに塗ってバターをのせ、普通に炊く。

3 炊き上がったらキャベツごと持ち上げて器に盛り、小ねぎをのせる。ごはんは混ぜ合わせて器に盛り、のりをのせる。

Point

さけはキャベツに収まるようにおく

写真のようにおくことで、炊飯後、キャベツごとフライ返しなどですくってそのまま盛り付けができるのでラク。

フライパンでも作れる

❶米を30分以上浸水させ、ざるにあげて水けをきる。作り方1まで同様に作る。❷フライパンに米、鶏肉、まいたけ、B、水360mlを入れ、その上にキャベツ、にんじん、さけの順にのせる。混ぜ合わせたAをさけにかける。ふたをして中火にかけ、沸騰したら弱火にして10分煮る。❸ふたをはずして強火にし、パチパチと乾いた音がしてから20秒くらいたったら火を止める。さけにバターをのせ、ふたをして10分蒸らす。あとは作り方3と同様に作る。

炊き上がりはこんな感じ

きのこの炊き込みごはん

さけのちゃんちゃん焼き風

みそバターのコクと

きのこのうまみで味わい豊か

中華おこわ風炊き込みごはん

豚バラの
ねぎレモンソース

しょうがや長ねぎが
たっぷりの中華風献立

72

豚肉は切らずにブロックごと炊いて

豚バラのねぎレモンソースと中華おこわ風炊き込みごはん

材料 （作りやすい分量）

豚バラブロック肉 ……………………………… 300g
A しょうが ……………………………………… 1かけ
　 にんにく …………………………………… ½かけ
　 塩、こしょう ……………………………… 各少々
米 ………………………………………………… 2合
にんじん ……………………………………… ⅕本
さやいんげん ………………………………… 10本
しいたけ ……………………………………… 2個
ベーコン ……………………………………… 2枚
B めんつゆ（3倍濃縮） ……………… 大さじ2
　 顆粒コンソメ、砂糖 …………… 各小さじ2
　 塩 ………………………………………… 小さじ¼
　 水 …………………………………………… 370mℓ
C 長ねぎ（白い部分）のみじん切り …… ¼本分
　 レモン汁 …………………………………… 大さじ1
　 砂糖 ………………………………………… 小さじ1
　 ごま油 ……………… 小さじ1（またはラー油少々）
　 塩 ………………………………………… 小さじ¼

作り方

1 豚肉にAをもみ込む。にんじんはいちょう切り、しいたけとベーコンは薄切りにし、さやいんげんは1.5cm幅に切る。

2 炊飯器に米、B、1を入れて普通に炊く。

3 炊き上がったら豚肉を取り出して食べやすく切り、器に盛る。混ぜ合わせたCをかける。ごはんは混ぜ合わせて器に盛る。

フライパンでも作れる

❶米を30分以上浸水させ、ざるにあげて水けをきる。豚肉は1cm厚さに切り、Aをもみ込む。にんじん、しいたけ、ベーコン、さやいんげんは作り方1と同様に切る。❷フライパンに米、B、❶、水360mℓを入れる。ふたをして中火にかけ、沸騰したら弱火にして10分煮る。❸ふたをはずして強火にし、パチパチと乾いた音がしてから20秒くらいたったら火を止める。ふたをして10分蒸らす。あとは作り方3と同様に作る。

炊き上がりはこんな感じ

チーズは余熱で溶かして

チキンとキャベツの
トマト煮込み

材料 （4人分）

鶏もも肉	2枚
キャベツ	約¼個（450g）
にんにく	1かけ
塩、こしょう	各少々
A カットトマト缶	1缶
塩	小さじ½
顆粒コンソメ	小さじ2
めんつゆ（3倍濃縮）	小さじ1
水	カップ1
ピザ用チーズ	60g

作り方

1 鶏肉は余分な脂を除いて食べやすく切り、塩、こしょうをふる。キャベツはざく切りにし、にんにくはつぶす。

2 炊飯器に1とAを入れ、早炊きモードで炊く。約30分後、炊飯器から湯気が出て香りが立ってきたら、スイッチを切ってチーズを加え、余熱で溶かす。

Point

**できあがったら
食べるまで保温を**

炊き上がってからすぐに食べない場合は保温モードにしておき、チーズは食べる直前に入れて溶かして。

フライパンでも作れる

❶作り方1までは同様に作る。フライパンにAとともに入れ、ふたをして中火にかける。沸騰したら弱火にし、ふたをしたまま約40分煮込む。❷火を止め、熱いうちにチーズを加えてふたをし、余熱で溶かす。

炊き上がりはこんな感じ

とろ〜りチーズが絡んで

トマトの酸味がまろやかに

味しみしみの一品が簡単に！

あっさりおでん

材料（4人分）

鶏手羽元 ……………………………… 8本
大根 …………………………………… ¼本
じゃがいも …………………………… 2個
こんにゃく ………………… 1枚（100g）
A｜水 ……………………………… カップ3
　　顆粒鶏ガラスープの素、
　　　顆粒コンソメ …………… 各小さじ1
　　顆粒だし ……………………… 小さじ2
　　めんつゆ（3倍濃縮）……… 大さじ2
好みの練り物、ゆで卵 …………… 各4個
練りがらし ……………………………… 適量

フライパンでも作れる

❶大根は約1cm幅の輪切りにしてから十字の切り込みを入れる。こんにゃく、じゃがいも、練り物は作り方1と同様にする。❷フライパンに手羽元、大根、じゃがいも、こんにゃく、Aを入れて軽く混ぜ、中火にかける。沸騰したらふたをし、弱火にして40～50分加熱する。ふたを開け、練り物とゆで卵を加えてさらに約10分煮る。

作り方

1　大根は約2cm幅の輪切りにし、片面に十字の切り込みを入れる。こんにゃくは8mm幅の薄切りにしてから格子状に切り込みを入れ、電子レンジで2分加熱する。じゃがいもはやや大きめのひと口大に切る。練り物はひと口大に切る。

2　炊飯器に手羽元、大根、じゃがいも、こんにゃく、Aを入れて軽く混ぜ、早炊きモードで炊く。

3　約30分後、炊飯器から湯気が出て香りが立ってきたら、スイッチは切らずにふたを開け、練り物とゆで卵を加える。ふたをしてそのまま10分炊いたら、食べるまで保温モードにする。器に盛り、からしを添える。

Point

練り物とゆで卵は後入れする

練り物やゆで卵などすでに火が通っている具材は、後入れして、余熱で温める程度でOK。

炊き上がりはこんな感じ

冷めても味が染みておいしい

肉じゃが

材料 （ 4人分 ）

牛バラ薄切り肉 ……………200g
じゃがいも ………………………3個
玉ねぎ………………………………1個
にんじん……………………………1本
A　めんつゆ（3倍濃縮）、
　　焼肉のたれ… 各大さじ3
　　しょうゆ …………… 大さじ1
　　水 …………………………250㎖

作り方

1 じゃがいもは皮をむいて大きめのひと口大に切り、玉ねぎは1㎝幅のくし形切り、にんじんは小さめの乱切りにする。

2 炊飯器に1、牛肉、Aを入れて早炊きモードで炊く。

3 約30分後、炊飯器から湯気が出て香りが立ってきたら、ふたを開けて混ぜる。食べるまで保温モードにしておく。

フライパンでも作れる

作り方1までは同様に作る。フライパンにAとともに入れて中火にかけ、沸騰したらふたをして弱火で約30分煮る。じゃがいものかたさを見て火を止める。

炊き上がりはこんな感じ

うどんの代わりにそうめんでも

韓国風煮込み

Point

手羽元は炊飯釜で
下味をつけて

塩をもみ込む作業は炊
飯釜の中で。手間も洗
い物も減らせます。濃
いめの味つけなので、
最後に湯で調節して。

材料 （4人分）

鶏手羽元 ················· 10本 (600g)
じゃがいも ············ 大4個 (600g)
にんにく ································ 1片
しょうがの薄切り ··········· 1かけ分
塩 ································· 小さじ2
冷凍うどん ························ 適量
にらのざく切り ···················· 適量
A ┌ 白すりごま ············· 大さじ1
　│ 砂糖 ··················· 大さじ½
　│ 酢、しょうゆ ········· 各小さじ2
　└ みそ ··················· 小さじ1

作り方

1 炊飯釜に手羽元を入れ、塩をふってもみ込み、少しおく。じゃがいもは皮をむいて約4cm大の乱切りにし、にんにくはつぶし、しょうが、水カップ3½とともに炊飯釜に加える。

2 炊飯器にセットし、早炊きモードで約40分炊く。その間にうどんを袋の表示通り解凍し、水で冷やして器に盛る。

3 炊飯器のふたを開けてじゃがいもに火が通っていれば、スープに湯適量を加えて好みの濃さに調節する。別の器に盛り、混ぜ合わせたAとにらを添える。

炊き上がりはこんな感じ

フライパンでも作れる

❶フライパンに手羽元を入れ、塩をふって少しおく。じゃがいも、にんにく、しょうがは作り方1と同様にし、水カップ3½とともにフライパンに加える。❷中火にかけ、沸騰したら弱火で約1時間煮込む。その間にうどんを袋の表示通り解凍し、水で冷やして器に盛る。❸じゃがいもに火が通ったら、あとは作り方3と同様に作る。

めん

めんの加熱とソース作りが同時にできて、スパゲッティが手軽に。

トマトと玉ねぎの甘みがやさしい

ミートソースパスタ

材料 （2人分）

スパゲッティ
（ゆで時間6分以上のもの）
.... 200g

A 合いびき肉（または豚ひき肉）
.... 200g
　玉ねぎ .... ½個
　カットトマト缶 .... ½缶
　顆粒コンソメ、しょうゆ
　.................... 各小さじ1
　塩 .... 小さじ½

作り方

1 炊飯器にAを入れ、スパゲッティを半分に折り、重ならないようにばらけさせて加える。

2 水カップ1½を加え、早炊きモードで炊く。20分後、ふたを開けてよく混ぜ、器に盛る（もしスパゲッティに芯が残っていれば、混ぜたあと再度ふたをして5分ほどおく）。

Point

めんは箸などでばらけさせて

めんは調理中にくっつかないように、なるべく重ならないように箸などでばらけさせてから炊いて。

フライパンでも作れる

❶フライパンにAを入れ、スパゲッティを半分に折り、重ならないようにばらけさせて加える。❷水カップ1½を加えて中火にかけ、沸騰したらふたをして弱火にし、袋の表示のゆで時間より1分短く煮る。❸ふたをはずして混ぜ合わせ、さらに1分ほど煮て、パスタのかたさを確認して火を止める。

炊き上がりはこんな感じ

スパイシー × コクでやみつき！

バターカレーパスタ

材料 （2人分）

スパゲッティ
　（ゆで時間6分以上のもの）…200g
鶏もも肉……………………………½枚
玉ねぎ………………………………½個
カットトマト缶……………………½缶
顆粒コンソメ…………………小さじ2
めんつゆ（3倍濃縮）、カレー粉
　　　　　　　　　　　　　各大さじ1
焼肉のたれ……………………大さじ2
牛乳……………………………カップ½
バター………………………………20g

作り方

1 鶏肉は大きめのひと口大に切り、玉ねぎはみじん切りにする。スパゲッティは半分に折り、重ならないようにばらけさせて炊飯器に入れる。

2 残りの材料と水カップ1½を加え、早炊きモードで炊く。20分後、ふたを開けてよく混ぜ、器に盛り、パセリのみじん切り適量（分量外）をふる。

フライパンでも作れる

❶鶏肉と玉ねぎは作り方1と同様に切る。スパゲッティは半分に折り、重ならないようにばらけさせてフライパンに入れる。❷残りの材料と水カップ1½を加えて中火にかけ、沸騰したらふたをして弱火にし、袋の表示のゆで時間より1分短く煮る。❸ふたをはずし、1分ほどよく混ぜながら煮る。

Point

味は好みで調節して

辛みを抑えるならカレー粉は小さじ1程度に。クリームチーズを入れるとマイルドになっておいしい。好みでクミンパウダーを加えても。

炊き上がりはこんな感じ

ショートパスタで具だくさんスープ風に

トマトスープパスタ風

材料（4人分）

ペンネ（ゆで時間6分以上のもの）
……………………………………120g
じゃがいも……………………… 1個
にんじん……………………… ¼本
玉ねぎ………………………… ¼個
にんにく……………………… ½片
ミニトマト…………………… 10個
ウインナーソーセージ………… 6本
A ┌ 顆粒コンソメ………… 小さじ2
　├ 顆粒鶏ガラスープの素・小さじ1
　├ オリーブ油…………… 大さじ1
　└ 塩…………………………… 適量
カリカリベーコン（p57参照）、黒こ
しょう……………………… 各適量

作り方

1 じゃがいもは1cm角、にんじんは5mm角、ソーセージは斜め半分に切り、玉ねぎとにんにくは粗みじん切りにし、ミニトマトはヘタをとる。

2 炊飯器にペンネ、1、A、水カップ3を入れ、早炊きモードで炊く。

3 20分後、炊飯器から湯気が出て香りが立ってきたらふたを開け、必要なら塩で味を調える。よく混ぜてから器に盛り、ベーコンを添えてこしょうをふる。

フライパンでも作れる

❶作り方1までは同様に作る。フライパンにペンネ、A、水カップ3とともに入れて中火にかけ、沸騰したらふたをして弱火にし、袋の表示のゆで時間より1分少なく加熱する。❷ふたをはずして混ぜ合わせ、ペンネのかたさを確かめ、塩で味を調える。器に盛り、ベーコンを添え、黒こしょうをふる。

炊き上がりはこんな感じ

炊飯器には、炊飯以外の機能も。保温機能を使った低温調理も便利なんです。ぜひお試しを！

炊飯器の保温機能で

しっとりほどよい火の通り具合に

ローストビーフ

材料 （作りやすい分量）

牛ももブロック肉……………………約300g
にんにく………………………………1かけ
塩、黒こしょう（またはこしょう）……各適量
砂糖……………………………………小さじ1
A ┃ しょうゆ………………………大さじ1
　 ┃ はちみつ………………………小さじ1
オリーブ油……………………………大さじ1

Point

ポリ袋の空気は水につけて抜いて

水を張ったボウルにポリ袋を入れれば、水圧で空気が抜けて真空状態に。引き上げる時はしっかり口を閉じて。

作り方

1 牛肉は砂糖をもみ込んで少しおき、常温にもどす。水分をふき取り、塩、黒こしょうを多めにふる。

2 フライパンにオリーブ油とつぶしたにんにくを入れ、香りが立つまで弱火にかける。1を入れて強めの中火にし、1面ずつ焼き目をつける。

3 耐熱のポリ袋に2とAを入れ、空気を抜いて口を閉じる。炊飯器に肉がつかるくらいの湯（80℃）とともに入れ、保温モードにする。

4 20分後、牛肉を取り出して食べやすく切り、器に盛る。漬けだれを2のフライパンに戻し入れ、煮立たせてソースを作り、添える。

炊き上がりはこんな感じ

準備するもの
・フライパン
・米
・水（米1合につき 200㎖）

水を量る道具がないときは…

フライパンに米を入れて平らにならし、手のひらをぴったりつける。指の第2関節が隠れる程度まで水を入れればOK。

炊飯器じゃなくても

フライパンでお米が炊ける！

「炊飯器調理中、白いごはんが炊けない！」そんなときにも安心なフライパン炊飯法をご紹介。

1 米を浸水させる

フライパンに米と水を入れ、そのまま30分ほど（少なくとも15分以上）浸水させる。

2 強めの中火にかける

3 沸騰したらふたをする

沸騰したら（ボコボコ泡立つくらいが目安）、ふたをして弱火にし、5分加熱する。

4 ふたを外して強火で加熱

ふたを外して強火にし、パチパチと音がするまで加熱したら火を止める。

5 ふたをして10分蒸らす

炊き上がり！

あえるだけ！

てまぬきサブおかず

主菜を電子レンジや炊飯器、トースターなどでほったらかし
調理をしている間に、副菜がさっと完成したらいいですよね。
そこで、あえるだけでできるレシピをご紹介します。

3分

きゅうりは縞目にむいて
見た目もかわいく

のりの風味豊かで、調味料1つでも十分

のりきゅう

材料 （2人分）

きゅうり ………………………… 1本
焼きのり（全形）………………… ½枚
めんつゆ（3倍濃縮）………… 大さじ1
白いりごま …………………… 少々

作り方

1 きゅうりは皮を2〜3か所縦にむいて
乱切りにし、器に盛る。

2 ちぎったのりとめんつゆを混ぜ合わせて
少しおき、1とあえてごまをふる。

のりの佃煮が隠し味に

ミニトマトとアボカドのクリチあえ

材料 （2人分）

アボカド ……………………………………1個
ミニトマト …………………………………3個
クリームチーズ ……………………………30g
A　オリーブ油、ポン酢しょうゆ
　　……………………………各大さじ2
　　砂糖、のりの佃煮 …………各小さじ2
　　塩 ………………………………… 少々

作り方

1　アボカドは1.5cm、クリームチーズは1
　cm程度の角切りに、ミニトマトは4つ
　割りにし、器に盛る。

2　小さめの密閉容器にAを入れてよくふ
　り、1にかける。

Point

調味料は
よく混ぜて

調味料はとろりとした
質感になるまでよくふり
混ぜ、乳化させて。密
閉容器に入れてふると
よく混ざります。

さっぱり感とまろやかさが
ほどよい、彩りおかず

5分

切ってのせるだけ！ 大葉が香る一品

生ハムユッケ豆腐

材料 （2人分）

豆腐……………………………………300g
生ハム……………………………………3枚
大葉……………………………………3枚
卵黄…………………………………2個分
A｜めんつゆ（3倍濃縮）、ごま油‥各小さじ1
白いりごま ……………………………ひとつまみ

作り方

1 生ハムは半分に切ってから1cm程度の短冊切りに、大葉はせん切りにする。

2 豆腐は半分に切って器に盛る。1を半量ずつのせて真ん中にくぼみを作り、そこに卵黄をのせてAとごまをかける。

Point

余った白身も捨てずに活用を

使わなかった卵2個分の白身は冷蔵室で保存しておき、卵焼きに混ぜたりスープに加えるなど、別のおかずに使って。

3分

生ハム＆ごま油でユッケ風に。おつまみにも○

15分

ほのかな甘みで食べやすい。
野菜もたっぷりとれる

缶詰で即席！ ボリュームサブおかず

さば缶エスカベッシュ風

材料 （2人分）

さば水煮缶	1缶
玉ねぎ	¼個
にんじん	¼本
ピーマン	½個
塩	少々

A | オリーブ油、マーマレードジャム
　　　……………………… 各大さじ1
　| レモン汁……………… 小さじ?
　| 酢…………………………… 小さじ1

作り方

1 玉ねぎ、にんじん、ピーマンはせん
切りにする。玉ねぎは水にさらす。
にんじんとピーマンは塩でもんで10
分ほどおき、水けを絞る。

2 さば缶のさばと1を器に盛り、Aと
缶汁大さじ2をよく混ぜ合わせてか
ける。

ちくわで食べごたえアップ。
コーンの甘みがやさしい

キャベツがモリモリ食べられる！

キャベツとコーンのコールスロー

材料 （2人分）

キャベツ	3枚
ちくわ	1本
コーン缶	大さじ5
塩	少々
A マヨネーズ	大さじ2
酢、砂糖	各小さじ1

作り方

1 キャベツはせん切りにしてざるに入れて塩をふり、10分おいたら水けを絞る。

2 ちくわはキャベツと同じくらいの幅のせん切りにし、1、コーンと合わせる。混ぜ合わせたAを加えてあえる。

Point

キャベツの水けはしっかり絞って

キャベツは塩もみ後、水けをしっかり絞って。調味料がなじみやすくなり、仕上がりも水っぽくなりません。

黒酢を使わず、オイスターソースでコクをプラス

冷やしトマトの黒酢風

材料（2人分）

トマト ……………………………………… 1個
玉ねぎ …………………………………… ⅛個
ブロッコリースプラウト ……………… 適量
A ポン酢しょうゆ …………………… 大さじ1
　砂糖 …………………………………… 小さじ1
　オイスターソース …………… 小さじ½

作り方

1 トマトは薄切りに、玉ねぎはみじん切り
にする。A は混ぜ合わせる。

2 玉ねぎと A を合わせ、器に盛ったトマ
トにかけ、ブロッコリースプラウトを飾
る。

いつもの冷やしトマトを
ひと工夫で格上げ！

5分

第4章

トースターおかず

トースターは、こんがり仕上げるのが得意。

コンロ調理に比べ、ほったらかしでも焼きすぎる心配がなくて安心です。

主菜に加え、つけ合わせも同時に完成するのもうれしいところ。

そんなトースターで作る、肉や魚の主菜をご紹介します。

すがたさん流 トースター調理のコツ

トースター調理だからこそのメリットとコツをご紹介。
マスターすればよりラクに＆おいしく作れます。

トースター調理のいいところ

オーブンより加熱時間が短い

予熱が不要なのが、トースターのうれしいところ。オーブンよりも早く加熱が完了します。

ほったらかしで加熱できる

機種にもよりますが、ほとんどのトースターが、途中で火加減を調節する手間いらず。

同時調理ができる

メインおかずに加えて、つけ合わせやサブおかずも一緒に加熱することが可能。

洗い物が少なくて済む

アルミ箔を敷けば洗い物がぐっと少なく。ホイルのヘリを立てれば天板も汚れません。

コツ1 食材はなるべく厚みを揃えて

加熱ムラが出ないように、食材の厚みはできるだけ揃えて。食材によっては薄めにすることで、中までしっかり熱が通ります。

コツ2 衣や油をつけるのは片面だけでもOK

揚げ物風メニューの衣や油は、食材の片面だけにつければOK。反対の面につける手間が省け、十分おいしく仕上がります。

コツ3 肉の下に野菜を敷けば油不要

具を並べる前にアルミ箔にサラダ油を薄く塗るか、くっつきにくいタイプのアルミ箔を使用してください。

肉や魚を加熱するときは、下に野菜を敷けば油不要。野菜は付け合わせや副菜に。

コツ4 焦げそうになったらアルミ箔をかぶせて

アルミ箔をかぶせれば、表面をそれ以上焦がさずに全体に熱を通せます。加熱しはじめの時点でアルミ箔をかぶせ、最後の数分ははずして加熱しても。

コツ5 グラタン皿を使えば洗い物が減らせる

メニューによっては加熱時にグラタン皿などを使うという手も。加熱後そのまま食卓に出せるので、洗い物が減らせます。

こんがりチーズが香ばしい！
お弁当にも

豚にらチーズ焼き
アスパラ添え

材料（2人分）

豚こま切れ肉……………………200g
グリーンアスパラガス‥2〜3本
にら……………………………½束
ピザ用チーズ…50g〜好みの量
塩、こしょう……………各少々
焼肉のたれ……………大さじ½
片栗粉……………………大さじ1
しょうゆ…………………適量

作り方

1 豚肉に軽く塩、こしょうをふって焼肉のたれをもみ込み、片栗粉をまぶして6等分にする。アスパラガスは根元のかたい部分を切って3等分の斜め切りにし、にらは2cm幅に切る。

2 アルミ箔のヘリを立ててトースターの天板にのせる。アルミ箔に肉を並べて手で軽くつぶし、端の空いたところにアスパラガスを並べる。

3 豚肉ににらとチーズを平らにのせ、トースター（1000W以上）でチーズが溶けるまで10分ほど焼く。器に盛り、しょうゆを添える。

Point

豚肉は手で
軽くつぶして

豚肉は軽くつぶしておくことで高さがなくなり、生焼けになるのを防ぎます。アルミ箔にのせてからつぶすとラク。

ごまとジャムを加えたみそが香ばしい

ささみのオレンジみそ焼き
きのこ添え

材料 (2人分)

ささみ ······················ 4本
しめじ ······················ ½パック
酒 ························· 小さじ2
A | マーマレードジャム、みそ、
　 白すりごま、砂糖 ········ 各小さじ2
B | 塩 ························ ひとつまみ
　 レモン汁 ················· 小さじ1
　 七味とうがらし ············· 少々

作り方

1　ささみは筋をとって厚みが均等になるように切り、酒をふる。しめじは石づきをとる。

2　アルミ箔のヘリを立ててトースターの天板にのせ、ささみを並べる。上面に混ぜ合わせたAを塗り、しめじをのせる。

3　トースター（1000W以上）で6〜7分焼く。しめじはBとあえ、ささみとともに器に盛る。

トマトも一緒に焼いて、崩しながら食べて

塩さばとトマトのガーリックオイル焼き

材料（2人分）

塩さば（半身）	2切れ
トマト	1個
玉ねぎ	½個
にんにく	1かけ
A　オリーブ油	大さじ2
黒こしょう	適量
（あれば）ドライバジル	適量

作り方

1　玉ねぎとにんにくは薄切りにし、トマトは半分に切る。

2　耐熱皿に玉ねぎを広げてさばをおき、上ににんにくをのせ、A をかける。空いているところにトマトをおく。

3　トースター（1000W以上）で10〜15分焼く。器に盛り、バジルをふる。

材料 （2人分）

鶏手羽元 ……………… 8〜12個
じゃがいも ………………… 2個
A　めんつゆ（3倍濃縮）、
　　焼肉のたれ……… 各大さじ1
マヨネーズ ……………… 大さじ1
B　カレー粉………… 小さじ½
　　片栗粉、小麦粉
　　………………… 各大さじ1½
　　黒こしょう ……………… 少々

作り方

1 ポリ袋に手羽元、A を入れてよくもみ込み、15分おく。マヨネーズを加えてさらによくもみ込む。じゃがいもは約1.5cmのくし形切りにする。

2 B を混ぜ合わせてから1のポリ袋に加え、空気を入れてから口を閉じてふる。

3 トースターの天板にアルミ箔を敷き、サラダ油適量（分量外）を薄く塗って2とじゃがいもを並べる。トースター（1000W以上）で15分焼く。

Point

ポリ袋は空気を
入れて口を閉じて

ポリ袋に衣を入れた後、空気を入れて口を閉じてふることで、粉をまんべんなくまぶせます。

みんな大好きな組み合わせ

フライドチキン風ポテト添え

ソースにすれば野菜が摂りやすく

さけのフライ 野菜ソース

材料 (2人分)

さけ······················2切れ
塩、こしょう··················各少々
マヨネーズ··················大さじ2
パン粉····················約15g

作り方

1　さけは1切れを3等分に切り、塩、こしょうをふる。片面にマヨネーズを塗り、パン粉をまぶす。

2　トースターの天板にアルミ箔を敷き、1をパン粉の面を上にして並べ、トースター（1000W以上）で10分ほど焼く。

きゅうりのソース

材料 (作りやすい分量)
きゅうりのすりおろし … ½本分
好みのドレッシング···· 大さじ1

作り方
すべての材料を混ぜ合わせる。

●トマトのソース

材料 (作りやすい分量)
トマトのすりおろし ······ ½個分
マヨネーズ··············大さじ1

作り方
すべての材料を混ぜ合わせる。

Point

マヨネーズはすりつけるように

マヨネーズは容器に入れ、さけを手で持ってすりつけるようにして。パン粉つけもその流れでやるとスムーズ。

ソースの野菜は好みのもので

ソースの野菜は好みのもので。ドレッシングやマヨネーズと野菜のすりおろしを1:1で混ぜればできあがり。

カレー粉とクミンのダブル使いで本格的！

タンドリー風チキン

材料 （2人分）

鶏もも肉 ……………………… 1枚
玉ねぎ ……………………… ½個
塩、こしょう ……………… 各適量
A　おろしにんにく ………… ½かけ分
　　マヨネーズ ……………… 大さじ1
　　粒マスタード、めんつゆ（3倍濃縮）
　　 ………………………… 各小さじ1
　　クミンパウダー、カレー粉… 各少々

作り方

1　鶏肉は包丁で縦横に格子状に軽く切り込みを入れ、塩、こしょうをふる。玉ねぎは薄切りにする。

2　アルミ箔のヘリを立ててトースターの天板にのせる。鶏肉を皮目を上にしてのせ、混ぜ合わせたAを塗る。周りに玉ねぎをおき、トースター（1000W以上）で10〜13分加熱する。

生春巻きの皮を使ったアイデアメニュー

オレンジ風味の手作りソーセージ

材料 (2人分)

合いびき肉 ················· 200g
木綿豆腐 ····················· 50g
パセリ(または大葉やパクチー)
のみじん切り
··············· 2本分 (約10g)
生春巻きの皮 ··············· 3枚
A めんつゆ (3倍濃縮)
··············· 小さじ2
  マーマレードジャム、顆粒
  コンソメ ····· 各小さじ1
  塩 ············· ひとつまみ
  クミンパウダー (または
  カレー粉) ········· 少々
粒マスタード ··············· 適量

作り方

1 生春巻きの皮は縦の長さを½、横の長さを½にそれぞれ切る。

2 ひき肉、豆腐、パセリ、Aを混ぜ合わせ、12等分にして棒状に成形する。生春巻きの皮をそのたびごとに水でぬらし、たねを包む。

3 アルミ箔のヘリを立ててトースターの天板にのせ、2を並べてトースター (1000W以上) で10分焼く。器に盛り、粒マスタードを添える。

Point

巻いた後は端をつまんで

たねは生春巻きの皮でくるりと巻き、巻き終えたら両端をきゅっとつまんで。しばらくするとしんなりしてなじみます。

生春巻きの皮がない場合は…

生春巻きの皮を使った方がより本格的ですが、代わりに表面に片栗粉をふっても。

お手軽

トーストアイデア

朝ごはんはもちろん、おやつにもぴったりなトースト。
食べたら元気が出るアイデアメニューをご紹介。焼き加減はお好みで。

忙しい朝でも野菜をたっぷりと

サラダピザ風トースト

材料 （1人分）

食パン（8枚切り）…………… 1枚
ベーコン …………………… 1枚
ピザ用チーズ …………… 大さじ1
ベビーリーフ ………… ひとつかみ
ミニトマト ………………… 1個
A ┌ マーマレードジャム
  │ ………………………… 小さじ1
  │ オリーブ油、レモン汁
  │ ………………………… 各小さじ½
  └ 塩……………………………少々
B ┌ トマトケチャップ、玉ねぎドレッ
  └ シング ……………… 各小さじ½

作り方

1 ミニトマトは4等分
にしてAと混ぜ合
わせておく。

2 Bを混ぜ合わせて
食パンに塗り、半
分に切ったベーコン
とチーズをのせて
トースター（1000
W以上）で3～5
分焼く。

3 ベビーリーフと1を
合わせ、2にのせる。

ケチャップやマヨをかけても

キャベツと卵の
トロッとトースト

材料 （1人分）

食パン（6枚切り）…… 1枚
キャベツ…………… 1枚
卵 ………………… 1個
ピザ用チーズ ……… 適量
粒マスタード …… 小さじ1
塩、こしょう ……… 各少々

作り方

1 キャベツはせん切りにする。

2 食パンに粒マスタードを塗ってキ
ャベツをのせて中央にくぼみを作
り、くぼみに卵を割り入れる。

3 チーズをのせて塩、こしょうをふり、
トースター（1000W以上）で焦
げ目がつくまで8～15分焼く。

Point

**キャベツの土手は
もんじゃのイメージで**

もんじゃ焼きのように食パン
の上にキャベツの土手を作
り、中央のくぼみに卵を流し
入れれば卵が流れません。

加熱時間は好みで調節を

加熱時間8分ほどだと卵は半熟、15分ほどだとしっかり
焼けます。焦げそうになったらアルミ箔をかぶせて。

チーズがこんがりこうばしい

オムレツトースト

（1人分）

食パン (4～5枚切り)
　………………………… 1枚
ウインナーソーセージ……… 1本
ピザ用チーズ…………… 大さじ1
A　卵 …………………… 1個
　牛乳 ………………… 小さじ1
　塩、こしょう ………… 各少々

作り方

1　ソーセージは輪切りにする。

2　食パンに包丁で四角い切り込みを入れ、中の部分をスプーンで押し込む。

3　食パンのくぼませた部分に1をのせ、混ぜ合わせたAを流し入れる。全体にチーズをのせトースター (1000W以上) で10分焼く。

Point

**食パンは押し込んで
スペースを作って**

食パンの切り込みを入れた部分を押し込んでスペースを作って。切り込みは深く入れすぎないように注意。

おやつにもぴったりな和風な一枚

お好み焼き風トロッとトースト

材料 （1人分）

食パン (6枚切り)……… 1枚
キャベツ………………… 1枚
ハム……………………… 1枚
卵………………………… 1個
ピザ用チーズ、お好みソース、
　マヨネーズ ……… 各適量
揚げ玉、紅しょうがなど好み
　のトッピング …… 各適量

作り方

1　キャベツはせん切りにし、ハムは細切りにする。

2　食パンにキャベツをのせて中央にくぼみを作り、キャベツの上にハムをちらし、くぼみに卵を割り入れる。

3　チーズ、ソース、マヨネーズをかけ、トッピングをのせてトースター (1000W以上) で焦げ目がつくまで8～15分ほど焼く。

Point

**キャベツの土手は
もんじゃの要領で**

p100「キャベツと卵のトロッとトースト」と同じく、もんじゃ焼きのように土手を作って卵を流し入れて。

**トッピングは
好みのものを**

トッピングは青のりや削り節もおすすめ。お好み焼きを食べるときのように好きなものをのせて。

忙しい朝に大活躍！

朝ごはんセット

朝はセットをそのままテーブル
に出すだけ！ あとはお好みで
盛りつけるだけだからラク。

野菜がたっぷり食べられる

洋風 朝ごはんセット

盛りつけて
完成！

(1) 即席スープ（市販）

(2) スライスチーズ

(3) ハム

(4) コールスロー

作り方は、p88「キャベツとコーンのコールスロー」
を参照。

(5) ゆでブロッコリー

小房に分けたブロッコリー適量を耐熱容器に入
れ、ふんわりとラップをして電子レンジで3分加
熱する。

(6) スープの具（ゆでにんじん、ゆでじゃがいも）

作り方は、p56「電子レンジで下ごしらえ」の「に
んじんやじゃがいもの下ゆで」を参照。

(7) ウインナーソーセージ

トースターの天板にアルミ箔を敷いてソーセージ
適量を並べ、トースター（1000W）で3分加熱する。

(8) カリカリベーコン

作り方は、p57「電子レンジで下ごしらえ」の「カ
リカリベーコン」を参照。

朝準備するのはこれだけ！

・食パンに **(2)** スライスチーズと **(3)** ハムをのせ、半分に切る。
・**(1)** スープを表示通りの湯で溶き、**(6)** スープの具適量を加える。
・ヨーグルトを添える。

ごはんがすすむラインナップ

和風 朝ごはんセット

① 焼きさけ

② みそ汁の具
（焼きねぎ、焼き油揚げ）

材料（作りやすい分量）

甘塩さけ	4切れ
長ねぎ（白い部分）	1本分
油揚げ	1枚
ごま油	小さじ1

② 作り方

①長ねぎは斜め薄切りにし、油揚げは縦半分に切ってから1cm幅に切る。

②トースターの天板にアルミホイルを敷いて薄くサラダ油適量（分量外）をひき、さけと①を並べ、長ねぎにごま油を回しかける。長ねぎと油揚げにホイルをかぶせてトースター（1000W）で8分加熱し、ホイルを外して2分加熱する。

⑥ きゅうりポン酢

材料（作りやすい分量）

きゅうり	2本	**A**	ポン酢しょうゆ	カップ½
塩	小さじ½		砂糖	大さじ1½
			（好みで）しょうがのせん切り	5〜10g

③ 大葉のにんにくめんつゆ漬け

材料（作りやすい分量）

大葉		10枚
にんにく		1片
A	めんつゆ（3倍濃縮）	大さじ3
	ごま油	大さじ1

作り方

①きゅうりは2cm幅の輪切りにしてざるに並べ、塩をふる。そのまま30分ほどおき、軽く水けを絞る。

②保存容器に**A**を入れ、電子レンジで1分20秒加熱する。

③②に①を入れて少しおく。粗熱がとれたら再度1分20秒加熱し、これをもう一度繰り返し、冷めたら冷蔵室で保存する。

作り方

大葉は茎をとる。**A**を混ぜ合わせて大葉が入る大きさの容器に入れ、大葉とにんにくを加え、ラップを具を押さえるようにぴったりかけ（落としぶたのイメージ）、冷蔵室で3時間ほど冷やす。

④ 温泉卵

作り方は、p61「まとめて作る温泉卵」を参照。

⑤ 即席みそ汁
（市販。お湯を注ぐだけのもの）

⑦ たくあん漬け（市販）

盛りつけて完成！

朝準備するのはこれだけ！

・ごはん、納豆を添える。

・**⑤**みそ汁を表示通りの湯で溶き、**②**みそ汁の具適量を加える。

第 5 章

てまぬき弁当

てまぬきレシピはお弁当にも活用できます。
忙しい朝だからこそ、少ない手間でできるのはうれしいですよね。
そこで、簡単なのに満足感のある3品弁当レシピを、
わかりやすいタイムラインでご紹介。朝時間がぐっとラクに！

忙しい朝に
うれしい！

てまぬき弁当のすすめ

コンロを使わず一発加熱で数品のおかずを作れる、てまぬきレシピ。
バタバタとあわただしい朝の弁当作りにもぴったりです。
弁当だからこそのいいところやコツをご紹介します。

てまぬき弁当とは？

電子レンジかトースターだけで作る、3品おかず弁当。工程が3ステップだから覚えやすくて簡単。なのにおいしくて満足感もある！

Step.1

食材を切るなどし、天板か耐熱皿におく

おかず3品分の下ごしらえをし、トースターなら天板に敷いたアルミ箔の上に、電子レンジならラップで包んでから耐熱皿に並べます。

↓

こんがり

Step.2

加熱する

電子レンジかトースターで加熱します。加熱している間に、ごはんや葉物などを先に弁当箱に詰めておくと◎。早めにごはんを詰めるから冷ましておけます。

↓

Step.3

弁当箱につめる

電子レンジを使った場合、余裕があれば加熱後そのまま少しおく、中身を混ぜて味をなじませるなどすると◎。おかずを順に弁当箱に詰めて、完成！

てまぬき弁当のいいところ

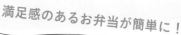
満足感のあるお弁当が簡単に！

火を使わずほったらかしで作れる

電子レンジかトースターに入れたら、あとはおまかせ！ 加熱している間に朝ごはん作りや他の朝支度ができます。後片付けも簡単。

一発加熱で3品が同時に完成する

同時調理できるのが、おかずをいくつか入れたい弁当作りではうれしいところ。アルミ箔やラップで仕切るから違う味が混ざることもありません。

パターンを覚えればアレンジできる

おおよその流れを覚えれば、似た食材に代えるなどアレンジ自在。同じ食材で味つけを変えるだけでも違った印象に。

コツ 1

ラップは
きっちり閉じないように

電子レンジを使う場合、具材を包んだラップの閉じ口は絞りますが、ぴっちりとは閉じないで。加熱中の破裂を防げます。

コツ 2

肉をクッキングシートに
包むときは細長く

電子レンジを使う場合、肉などをクッキングシートに包むときはできるだけ細長くして。そうすることで均一に火が通ります。

コツ 3

アルミ箔や
クッキングシートで調味を

加熱前に調味するとき、アルミ箔やクッキングシート上で行えば、洗い物が減らせます。アルミ箔はしっかりヘリを立てて。

コツ 4

加熱後そのまま
入れられる容器を使っても

トースターを使う場合、アルミカップなど、加熱後そのまま弁当箱に入れられる容器を使っても。取り出して詰め直すひと手間を省略できます。

おなじみの食材3つで作る、和・洋・中のお弁当バリエーションをご紹介。味つけを変えれば、食材は同じでもガラッと違った印象に！

この3食材で

鶏もも肉
どんな味つけにも合わせやすく、焼いても蒸してもおいしい。

卵
冷蔵室に常備しやすいお助け食材。火が通りやすいのもうれしい。

スナップえんどう
彩りアップに。火が通りやすく、水っぽくなる心配もありません。

バリエ 1

しみじみほっとする和風味。
子どもにも大人にも○

鶏の照り焼き弁当 🍞 トースター

調理時間 **16**分

3分 — 0分

材料を切る
→ 鶏肉はひと口大に切る。

鶏のトースター照り焼き
材料（1人分）
鶏もも肉…100g
A | しょうゆ…大さじ ½
砂糖、片栗粉…各小さじ ½

卵液を作る
→ 卵は割りほぐし、Bを加えて混ぜ合わせる。

のりの卵焼き
材料（1人分）
卵…1個　　B | めんつゆ（3倍濃縮）…小さじ1
のり…適量　　砂糖…小さじ ½
サラダ油…適量

スナップえんどうの筋をとる

スナップえんどうのおかかあえ
材料（1人分）
スナップえんどう…2〜3個
C | 削り節…ひとつまみ
しょうゆ…小さじ1

アルミ箔に材料をのせる

のりの卵焼き

スナップえんどうの
おかかあえ

鶏の照り焼き

16分　　15分　　　　5分

この間にごはんなどを
弁当箱に詰める。

アルミ箔のヘリを立ててトースター
の天板にのせる。アルミ箔に鶏肉と
A を入れてもみ込む（スナップえん
どうをのせるスペースを空けておく）。

トースター（1000W）
で10分加熱する。

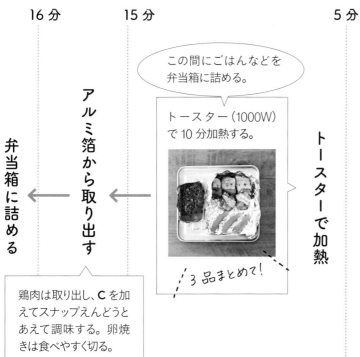

3品まとめて！

アルミ箔を約7×8cmの皿形にし、
トースターの天板にのせる。アル
ミ箔にサラダ油を塗って卵液を流
し入れ、のりをちぎって加える。

弁当箱に詰める

アルミ箔から取り出す

トースターで加熱

鶏肉は取り出し、**C** を加
えてスナップえんどうと
あえて調味する。卵焼
きは食べやすく切る。

スナップえんどうは
鶏肉のアルミ箔の空
いたところに並べる。

バリエ
2

ねぎやにら、ごまの香りが
食欲をそそる中華風

ごま油ねぎあえ
チキン弁当

電子レンジ

この3食材で

鶏もも肉

卵

スナップ
えんどう

スナップえんどうの
ごまみそあえ

調理時間
14 分

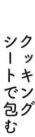

5分 ――――――――――――――――――――――――――――――――――――――― 0分

クッキングシートで包む

材料を切る

鶏肉はひと口大に切り、小ねぎは小口切りにする。

ごま油ねぎあえチキン

材料 (1人分)
鶏もも肉…80g
小ねぎ…1本

A めんつゆ (3倍濃縮)、みそ、酒、
　 ごま油…各小さじ ½
おろししょうが…少々

材料を切り、卵液を作る

にらは約1cm幅に切ってはんぺんはつぶし、卵は割りほぐし、すべての材料を混ぜ合わせる。

にら玉

材料 (1人分)
卵…1個
はんぺん…40g

にら…1本
塩…少々

スナップえんどうの
筋をとる

スナップえんどうのごまみそあえ

材料 (1人分)
スナップえんどう
　…2〜3個

B 白すりごま …小さじ1
みそ、マヨネーズ…各小さじ ½
塩…少々

ごま油ねぎあえ
チキン

にら玉

14分　12分30秒　10分

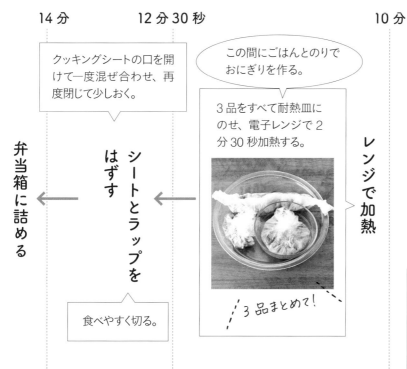

クッキングシートの口を開けて一度混ぜ合わせ、再度閉じて少しおく。

この間にごはんとのりでおにぎりを作る。

3品をすべて耐熱皿にのせ、電子レンジで2分30秒加熱する。

3品まとめて！

クッキングシートを広げ、鶏肉とAを入れてもみ込む。鶏肉を横1列に並べて小ねぎをのせ、シートをキャンディー状に包む。

小さめの耐熱容器（茶碗でも）にラップを敷いて卵液を流し入れて包み、口を絞って閉じる。

ラップを敷いてスナップえんどうをおき、混ぜ合わせたBをかけ、口を絞って閉じる。

弁当箱に詰める

シートとラップをはずす

食べやすく切る。

レンジで加熱

ラップで包む

バリエ
3

うまみがたっぷりで、
洋風だけどごはんがすすむ

トマトチキン弁当

トースター

調理時間
16分

この3食材で

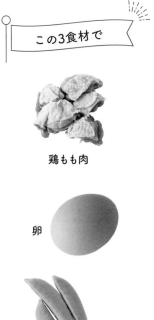

鶏もも肉

卵

スナップ
えんどう

3分　　　　　　　　　　　**0分**

アルミ箔に材料をのせる

材料を切る

> 鶏肉はひと口大に切る。

材料を切り、卵液を作る

> ミニトマトは4等分にする。卵を割りほぐしてマヨネーズを加えて混ぜる。

スナップえんどうの筋をとる

トマトチキン

材料（1人分）

鶏もも肉…100g	A	ミニトマト（みじん切り）…1個分
		ケチャップ…小さじ1
		粒マスタード、顆粒コンソメ…各小さじ ½

トマトオムレツ

材料（1人分）

卵…1個
マヨネーズ…小さじ1
ミニトマト…1個

スナップえんどう シーザー風

材料（1人分）

スナップえんどう…2〜3個	
B	玉ねぎドレッシング…小さじ ½
	粉チーズ…少々

トマトオムレツ

トマトチキン

スナップえんどう
シーザー風

16分　　　　　　15分　　　　　　　　　　　5分

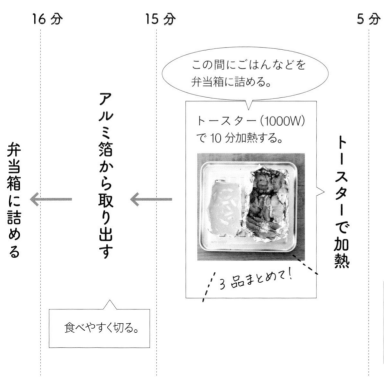

この間にごはんなどを
弁当箱に詰める。

トースター（1000W）
で10分加熱する。

3品まとめて！

アルミ箔のヘリを立ててトース
ターの天板にのせる。アルミ箔
に鶏肉とAを入れて混ぜ合わ
せる。（スナップえんどうをのせ
るスペースを空けておく）。

アルミ箔を約7×8cmの皿
形にし、トースターの天板
にのせる。卵液を流し入れ、
ミニトマトを加える。

スナップえんどうは
鶏肉のアルミ箔の空
いたところに並べ、B
を順にかける。

弁当箱に詰める　←　アルミ箔から取り出す　←　トースターで加熱

食べやすく切る。

子どもが喜ぶ！ はさむ具を
一度に加熱するから簡単

ハンバーガー弁当

トースター

ベーコンエッグ

豚こまカツ

調理時間
16分

3分

豚肉を丸める

豚肉は折り曲げ、直径 7cm程
度の大きさに丸く成形する。

アルミ箔に材料をのせる

材料を切る

じゃがいもは皮をむ
かずに約1.5cm幅のく
し形切りにする。

0分

豚こまカツ

材料（1人分）

豚こま切れ肉…80g	A	粒マスタード
パン粉…大さじ1		…小さじ1
		マヨネーズ…大さじ1

ベーコンエッグ

材料（1人分）

| ベーコン…¼枚 | 塩、こしょう…各少々 |
| 卵…1個 | サラダ油…適量 |

バターポテト

材料（1人分）

じゃがいも…½個	B	トマトケチャップ、
小麦粉…小さじ ½		粒マスタード…各小さじ1
バター…5g		

バターポテト

まだまだある！

てまぬき
弁当バリエ

一発加熱で作れる3品弁当おかず、まだまだあります。バラエティ豊かで飽きずに楽しめます。

16分

混ぜ合わせた **B** をバターポテトに添え、空いたところにミニトマトなどを添える。

15分

トースター（1000W以上）で10分焼く。焼き終わり2分前にバンズ1個を入れ一緒に加熱する。

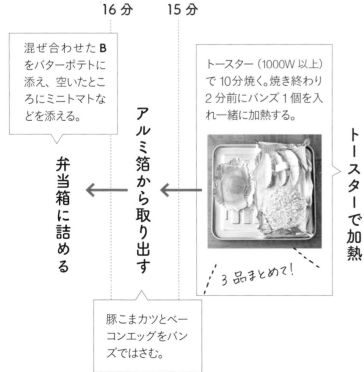

3品まとめて！

5分

アルミ箔のヘリを立ててトースターの天板にのせる。豚肉をおき（じゃがいもをのせるスペースを空けておく）、混ぜ合わせた **A** を塗ってパン粉を上面だけにふる。

アルミカップにサラダ油を塗ってトースターの天板にのせる。カップにベーコン、卵を順に入れ、塩、こしょうをふる。

弁当箱に詰める ← アルミ箔から取り出す ← トースターで加熱

豚こまカツとベーコンエッグをバンズではさむ。

じゃがいもは豚肉のアルミ箔の空いたところに並べ、小麦粉をふってバターをのせる。

焼肉

塩昆布あえキャベツ

やみつきになる韓国味

焼肉弁当

トースター

厚揚げ梅とのりのせ

材料 （1人分）	厚揚げ梅とのりのせ		塩昆布あえキャベツ	焼肉
	厚揚げ…¼枚 ピザ用チーズ…適量	梅干し…約½個 のりの佃煮…約小さじ½	キャベツ…½枚 塩昆布…小さじ½	豚バラ薄切り肉…100g 白いりごま…少々 A 焼肉のたれ…大さじ1 クミンパウダー…少々

15分 　　　　**5分** 　　　　**3分** 　　　　**0分**

焼肉にごまをふる。

この間にごはんなどを弁当箱につめる。

豚肉にAをもみ込む。

焼肉

アルミ箔から取り出し、弁当箱に詰める

トースター（1000W）で10分焼く。

トースターで加熱

アルミ箔のヘリを立ててトースターの天板にのせる。キャベツを平らに広げ、豚肉をのせる。

アルミ箔に材料をのせる

キャベツはせん切りにする。

材料を切る、調味する

塩昆布あえキャベツ

3品まとめて！

厚揚げは2等分に切ってチーズを等分にかけ、梅干しと佃煮をそれぞれのせる。

厚揚げ梅とのりのせ

焼肉を取り出し、塩昆布を加えてキャベツとあえる。

トースターの天板にアルミ箔をのせ、厚揚げを並べる。

Wささみで満足感あり

チンジャオロース―風弁当

電子レンジ

ささみとねぎの
チリソース

えびマヨ風ささみマヨ

チンジャオロース―風

調理時間
13分

材料（1人分）

ささみとねぎのチリソース

ささみ…½本
長ねぎ（白い部分）
　…5cm

C｜焼肉のたれ…小さじ1
　｜片栗粉、オイスターソース、
　｜ラー油（または食べるラ
　｜ー油）…各小さじ½

えびマヨ風ささみマヨ

ささみ…1本

B｜マヨネーズ…大さじ1
　｜トマトケチャップ、砂糖
　｜…各小さじ½

チンジャオロース―風

ピーマン…1個
じゃがいも…¼個

A｜めんつゆ（3倍濃縮）、オイスターソース、
　｜ごま油…各小さじ½
　｜おろししょうが…小さじ¼

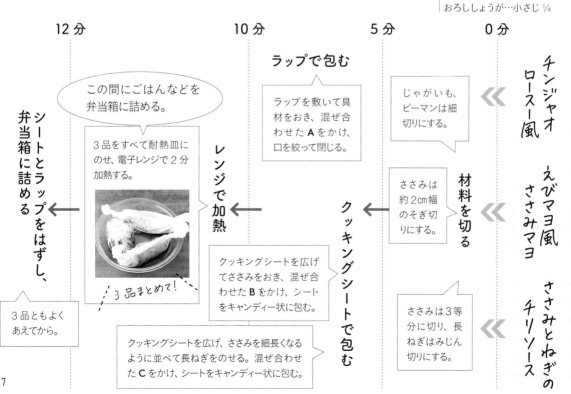

12分	10分	5分	0分

チンジャオロース―風

この間にごはんなどを
弁当箱に詰める。

ラップで包む

ラップを敷いて具材をおき、混ぜ合わせた**A**をかけ、口を絞って閉じる。

じゃがいも、ピーマンは細切りにする。

シートとラップをはずし、弁当箱に詰める

3品をすべて耐熱皿にのせ、電子レンジで2分加熱する。

レンジで加熱

ささみは約2cm幅のそぎ切りにする。

材料を切る

えびマヨ風ささみマヨ

3品まとめて！

クッキングシートで包む

クッキングシートを広げてささみをおき、混ぜ合わせた**B**をかけ、シートをキャンディー状に包む。

3品ともよくあえてから。

クッキングシートを広げ、ささみを細長くなるように並べて長ねぎをのせる。混ぜ合わせた**C**をかけ、シートをキャンディー状に包む。

ささみは3等分に切り、長ねぎはみじん切りにする。

ささみとねぎのチリソース

1 かおおにぎり

表情を変えても楽しい

❶おにぎりをにぎり、口の形に切ったのりを貼る。❷目の位置に黒いりごまをマヨネーズでつける。好みで四角く切ったのりを貼って。

ごまはつまようじの裏を使うとつけやすい。

簡単！かわいい！

キャラ弁アイデア

ちょこっと入れるだけでお弁当がにぎわうアイデアをご紹介。手がかからないのがてまぬき流。

2 水玉ブロッコリー

ドット柄がキュート

ゆでたブロッコリーのつぼみ部分に、マヨネーズを水玉状につける。

3 ちくわどり

枝豆がくちばしに！彩りも◯

❶ちくわは1cm幅に切り、穴に枝豆（冷凍）を詰める。❷目の位置に黒いりごまをマヨネーズでつけ、頬の位置にトマトケチャップをつける。

4 お花ソーセージ

花びらの数を増やしても

❶ウインナーソーセージを2cm幅に切る（端の丸い部分は切り落とす）。❷断面に十字に切り込みを入れ、電子レンジで10秒加熱する。❸断面の中央にトマトケチャップをつける。

5 おにぎり卵焼き

半熟のうちに成形するのがコツ

❶牛乳パックなどの厚紙で三角形の型紙を作っておく。❷卵焼きを作り、かたまりきらないうちに取り出す。熱いうちにクッキングシートに包んでから型紙で巻き、しばらくおく。❸好みの厚さに切り、断面にのりを貼る。

型紙で巻いたら、2か所ほど輪ゴムで留めておくと形がくずれない。

\ 少ない材料で手軽に /

てまぬきおやつ

トースターか電子レンジで焼くだけ、もしくは冷やすだけで完成！
気負わず作れる、アイデア満載のおやつレシピをまとめました。

ホットケーキ
ミックスで

アイスやフルーツを飾っても

マグカップ
フォンダンショコラ風
ケーキ

材料 （大きめのマグカップ1個分）

ホットケーキミックス ……… 大さじ3
卵 ……………………………… 1個
ミルクココア（加糖）、砂糖
…………………………… 各大さじ2
牛乳 ……………………………… 大さじ1
サラダ油 ……………………… 小さじ1
板チョコレート ……………… ⅓枚

作り方

1 大きめのマグカップに板チョコレート以外の材料を入れて混ぜ合わせ、真ん中に板チョコを適当な大きさに割って加える。

2 カップを調理台に軽く数回打ちつけて空気を抜き、電子レンジで2分加熱する。

Point

加熱する前に
空気を抜いて

空気を抜いてから加熱することできれいな仕上がりに。打ちつけるときはトントンと軽く当てる程度に。

プリン&焼き芋で

冷やして食べてもおいしい
スイートポテト

材料 （3cm角サイズを9個分）

プリン (市販) ………………… 約100g
焼き芋 (p56参照) ………… 約250g
黒いりごま ……………………………… 少々

作り方

1　焼き芋は電子レンジで1〜2分加熱し、縦半分に切ってスプーンでかき出す。

2　プリンは大さじ1½を取り分けておき、残りはフォークなどで1と混ぜ合わせて生地を作る。

3　トースターの天板にアルミ箔を広げて2の生地をのせ、ゴムべらなどで約2cm厚さの正方形に成形し、包丁で9等分にする。

4　2で取り分けたプリンを混ぜてなめらかにして3に塗り、ごまを散らす。トースター (1000W) で5〜6分焼き色がつくまで焼く。

Point

プリンは生地にも
つや出しにも

プリンを使うことで少ない材料で作れます。つや出し分のプリンはなめらかにしてから塗って。

生地のやわらかさは調節を

使うさつまいもやプリンによってやわらかさが変わるので、手で丸められるくらいを目安に、プリンの量を調節して。冷やすとまとまりやすくなります。

板チョコで

贈り物にぴったり。ワインのお供にも

マンディアン

材料 （作りやすい分量）

板チョコレート ·················· 1枚
A 好みのナッツ ········· 大さじ2
ドライフルーツ ······ 大さじ1

作り方

1 トースターの天板にアルミ箔を敷き、好みの形に切った板チョコレートをのせ、その上にAをのせる。

2 トースター（1000W）で1分加熱し、熱いうちにナッツとフルーツを少し押し込む。粗熱がとれたら冷蔵室で冷やす。

Point

加熱はチョコが
溶けない程度に

板チョコレートは溶け
すぎないように注意。
加熱具合は、表面がほ
んのわずかにやわらか
くなる程度に留めて。

餃子の皮で

パリパリ＆なめらか食感

エッグタルト

材料 （10個分）

餃子の皮 ································· 10枚
バニラアイス（市販） ················· カップ1
卵 ··· 1個
砂糖 ··· 大さじ3

作り方

1 バニラアイスを耐熱容器に入れ、電子レンジで1分加熱する。卵、砂糖大さじ2を加えて混ぜ合わせる。

2 アルミカップに餃子の皮を敷き、1を流し入れて砂糖大さじ1をまぶす。

3 アルミ箔をかぶせてトースター（1000W）で7分焼き、アルミ箔をはずして約3分焼き色がつくまで焼く。

パックのヨーグルトで

好みのフルーツを入れても美味

フローズン
ヨーグルトアイス

**ヨーグルトは
まず穴を開けて**

ヨーグルトのふたに穴
を開けるのは、ふたを
開ける前の方がスムー
ズ。穴にさす棒は付属
のスプーンを使っても。

材料 (4 個分)

マシュマロ ………… 約8個
チョコレートクッキー (市販)
………………… 約4枚
カップヨーグルト(4個パック)
………………… 1セット

作り方

1 ヨーグルトのふたの真ん中あたりに包丁
で穴を開け、ふたを ⅓ ほど開ける。

2 マシュマロはせん切りにし、クッキーは
適当な大きさに砕く。

3 穴に棒を差し込み、1に2を入れ、ふた
をテープなどで閉じる。冷凍室に3時
間ほど入れて冷やし固める。

122

子ども1人でも作れる！
おるすばんごはん

おるすばん中でもできたてを食べさせたい…そんな
時に。混ぜる、のせる、レンチンだけだから安心！

卵をよく絡めながら食べて

カルボラーメン

用意しておくのはコレ

材料 （1人分）

即席めん
（塩味、豚骨味など）
‥‥‥‥‥‥ 1袋
玉ねぎ‥‥‥‥‥ ⅛ 個
ベーコン‥‥‥‥ 1枚
牛乳‥‥‥‥‥ 180㎖
温泉卵 (p57、p61参
照) ‥‥‥‥‥ 1個
（好みで）粉チーズ、
黒こしょう‥各適量

・玉ねぎ、ベーコンは食べやすい大きさの薄切りにする。
・即席めんは取り出して丼に入れておく。

子どもがやるのはコレだけ

作り方

1　丼に玉ねぎ、ベーコンを加え、牛乳を注ぐ。

2　ラップをせずに電子レンジで4分30秒加熱する。

3　付属のスープの素 ¼ 袋程度を加えてよく混ぜ合わせ、温泉卵をのせてチーズと黒こしょうをふる。

> **Point**
>
> ラップをしないのがポイント
>
> ラップをしないで加熱することで、牛乳が吹きこぼれるのを防ぎます。大きめの丼を使うのもおすすめ。

具たっぷりで食べごたえ○

台湾風まぜめん

用意しておくのはコレ

・しめじは小房に分ける。
・ℬ は合わせておく。
・即席めんは取り出して丼に入れておく。

材料 （1人分）

即席めん（しょうゆ味、みそ味
など）…………………………1袋
ℬ 豚ひき肉……大さじ4程度
　しめじ…………………½パック
　もやし………………… ½ 袋
　付属のスープの素…… ½ 袋
　水……………………カップ ¾
ℬ 酢、砂糖…各小さじ1
温泉卵（p57、p61 参照）…1個
小ねぎの小口切り
……………………3 本分程度
（好みで）ラー油（またはごま油）
…………………………適量

子どもがやるのはコレだけ

作り方

1 丼に A を加え、ふんわりと
　ラップをして電子レンジで 5
　分加熱する。

2 ℬ を加えてよく混ぜ合わせ、
　温泉卵をのせる。小ねぎを
　のせ、ラー油をふる。

Point

トッピングや
辛みは好みで

ラー油の量は調節して。また、
好みで刻んだのりやにら、白
こしょうをふってもおいしい。

刻みのりやわさびをのせても

なんちゃって天丼

子どもがやるのはコレだけ

用意しておくのはコレ

材料 （1人分）

ささみ………………… 1本
まいたけ………………60g
片栗粉 ………… 小さじ1
A めんつゆ（3倍濃縮）、
　 水 ……… 各大さじ1
　 おろししょうが、砂糖
　 ………… 各小さじ ½
ごはん………茶碗1杯分
天かす…………… 大さじ3
小ねぎの小口切り ……適量

・まいたけはほぐして耐熱容器に入れる。
・ささみはひと口大のそぎ切りにして片栗粉をまぶし、
　まいたけの上にのせる。
・Aは混ぜ合わせておく。
・ごはんは丼に盛っておく。

作り方

1　ささみとまいたけに A をかけ、ふんわりとラップをして電子レンジで2分半加熱する。

2　1に天かす大さじ1を加えて混ぜ合わせ、汁ごとごはんにのせる。天かす大さじ2をかけ、小ねぎをのせる。

Point

ささみはパサつかない工夫を

そぎ切りにして片栗粉をまぶすことで、パサつきを防ぎます。あまり小さく切るとパサつきやすくなるので注意。

天かすは2回に分けて加えて

1回目に加えた天かすはしっとり感、2回目に加えた天かすはカリッと感をプラスします。このひと手間でおいしく。

肉・肉加工品

この本の中に出てくる主な食材別に掲載しています。